Franck Pérez

LA PROFEMOCIONALIDAD

SÉ FELIZ EN TÚ PROFESIÓN

Ayuda a los más necesitados:

El 5% de los derechos percibidos por el autor se donan a organizaciones de desarrollo como **lionsclubs**.org

Nº de registro: 201471370

ISBN papel: 978-84-686-6362-3

ISBN pdf: 978-84-686-6363-0

Registro de la Propiedad intelectual: M-003572/2014

Quisiera dar las gracias a mis padres Marcel, Santiaga, a mis hermanos Jacky, Gerald y Jonathan, a mi tia Françoise, a mi abuela "Mémé", a mi "Tata", a mi "Tati" Juliette y a tantos más que sin vosotros, no habré llegado a donde he llegado, ni haber logrado conquistar mis sueños. Hasta siempre.

Doy las gracias a mis amigos Juanito, Julián, Pedro, Daniel, Peri, Gioia… por vuestra paciencia, por arroparme en mis momentos de debilidad, durante mis cambios existenciales y haber vividos momentos increíbles. Os quiero. Sin olvidar también a los maestros, a las personas que me he ido encontrado en mis viajes, a los sabios que me han inspirado mediante sus sabidurías milenarias en los libros y a la gente que me queda por conocer. También doy las gracias a la vida, a sus momentos felices que han sido tantos, a mis años de estudios, de soledad buscada, a los tropiezos, a las vivencias que me ha tocado vivir, a los sin sabores, a las críticas, a las dudas que me ha hecho ser mejor todos los días, venciéndome a mí mismo y demostrarme a mis mismo de que sí, TODO es posible.

Por supuesto también a mi forma de ser; tanto en lo bueno como en lo malo, de naturaleza inquieta, curiosa y haber logrado formarme a mí mismo como siempre soñé ser.

Y por último, también a vosotros por brindarme la oportunidad de ayudaros a ser un Número 1 en Ventas.

Gracias a la Vida.

Canción de Violeta Parra

CONTENIDO

PRÓLOGO

La **Profemocionalidad** es un término que engloba las pautas de actuación que nos ayudan a encontrar el equilibrio entre la vida profesional («profe-») y nuestro estado emocional
(«-emocionalidad»), que contribuye al bienestar general de la persona. Al mismo tiempo que una actitud ante la vida, es un trabajo individual y propio, que no se puede descuidar: un entrenamiento constante de la voluntad. Podrás tolerar aquellos conflictos que surjan en tu vida laboral, localizar tus prioridades y alcanzar la paz que todos necesitamos para sentirnos satisfechos.

La **Profemocionalidad** será un instrumento que elimine, poco a poco, el sentimiento de frustración ante algunas situaciones y resuelva el desencuentro que se produce entre aquello que decimos, lo que hacemos y lo que de verdad sentimos. Con ella, seremos un poco más íntegros.

En este libro vas a encontrar por fin y de forma definitiva la manera de lograr ese punto intermedio y tan deseado para sentirte feliz.
Es bien sabido que un alto porcentaje de los profesionales en todo el mundo se siente insatisfecho por su labor. Esta sensación les lleva a padecer estados de angustia, frustración, depresión, desazón perpetua; les conduce a actuar como autómatas, sintiendo su labor profesional como una obligación, inmersos en una inevitable rutina. Recuerda que pasamos un tercio de nuestra vida en un ambiente laboral, y por ello es fundamental sentirse bien y disfrutar de todos los beneficios que aporta el trabajo.
La crisis, la economía, los mercados o las legislaciones son solo parte de la

ecuación para el buen funcionamiento de las empresas. El elevado número de horas que se trabaja cada día, unido a la escasa productividad por hora trabajada, la poca flexibilidad en el trabajo, la cultura de la imagen, la insuficiente conciliación, el alto absentismo, la elevada existencia de líderes tóxicos y de penosos climas laborales o la exigua innovación, conllevan de forma lógica a sufrir y transmitir emociones negativas como la ansiedad, el miedo, la apatía, la desmotivación… De hecho, una mayoría de trabajadores afirma que tiene jefes perjudiciales y egocéntricos. Estamos hablando de un modelo empresarial basado en el control, en una presión improductiva y una constante insatisfacción.

Lo que vas a ver en este libro es un novedoso modelo basado en el bien común y el autocontrol cuya finalidad es encontrar sentido a tu trabajo. Un modelo que fomenta la igualdad, la democracia directa, el diálogo, la confianza y la seguridad personal. Es decir, este método se propone lograr la felicidad (¿el bienestar?) del trabajador como alternativa a los despidos y a la precariedad laboral.
Está demostrado que las empresas que tienen un buen clima laboral y sus empleados cuentan con una alta motivación son el 40% más productivas.
Lo que trata este libro es de transformar la mente y desarrollar la sabiduría necesaria para ser feliz en tu profesión. Cuando la mente no está en calma, cuando está condicionada por una emoción destructiva, por ejemplo, solemos tomar decisiones de las que nos arrepentimos. Es patente ver a muchos altos cargos insatisfechos, pese a su posición de poder, y en múltiples ocasiones esa energía negativa se transmite al colectivo que está bajo su mando y perjudica los resultados de manera notable.

Estimado lector, una mente sabia es una mente altruista, poderosa; que sabe manejar mejor la presión y el estrés y se siente satisfecha en lo individual, lo que mejora sin duda alguna el clima laboral y la

productividad. El aprender a ser paciente y a mirar a largo plazo, a replantear las prioridades, a volver a orientar las motivaciones, etc., será beneficioso no sólo para el individuo, sino también para la empresa.

«Encuentra la felicidad en el trabajo o no serás feliz».

<u>Cristóbal Colón</u>

Mediante la enseñanza de este método, quiero influirte de manera positiva y ayudarte a coger impulso para que logres todo lo que te propongas. A través de valores sólidos y propósitos morales y éticos dignos, evolucionarás de forma óptima tanto en el campo profesional como en el personal, y encontrarás la felicidad que te mereces. A continuación vas a ver otro concepto, un novedoso modelo de actuación que te permitirá añadir un extra a tu vida, a tu forma de ser: te permitirá sentirte realizado. Los compromisos, las reuniones, la familia, los amigos… Todo es importante. Hay que encontrar las prioridades en función de lo que quieres, anhelas y esperas de la vida participando de todos ellas, lo más recomendable. Es complicado lidiar con todos estos parámetros indispensables y encontrar la paz interna si no se sabe cómo. Pero toda gran hazaña comienza cuando se da el primer paso, después de saber a dónde se quiere llegar.

Seguramente tu intelecto se tope a lo largo de este libro con teorías poco convencionales, quizá llamadas también metafísicas o proactivas. Aprenderás a respirar de la forma debida, compaginando esa respiración con tu día a día, en cualquier situación, tanto en tu trabajo como en tu

entorno social, familiar y personal. Amigo mío, serás capaz de transmitir satisfacción y serenidad a pesar de tu situación profesional. Adquirirás la actitud adecuada que vas a aprender a lo largo de este libro para realizar todo lo que te propongas. Recuerda, estimado lector: la actitud lo es todo en esta Vida. Tú serás su guardián por propia elección y conseguirás que esta sea plena y dichosa. ¡Vas a aprender a cómo sacar todo tu potencial!

«Las actitudes son más importantes que las aptitudes».

Winston Churchill

Amigo, te transmito mis sabidurías con sinceridad, inspiradas por sabios y puestas a prueba por mí mismo en años de experiencia. ¿Qué tengo yo más que tú para que no lo logres?

<h1 style="text-align:center">Capítulo 1: LA RELAJACIÓN</h1>

- **<u>Encontrar la calma interior:</u>** Relajación.

La herramienta de la respiración es realmente un regalo que te brinda la madre naturaleza. Créeme que sí amigo. Es beneficioso para todo.

Por suerte, tú también la posees y está en ti el querer servirte de ella. Está dentro de ti. Es una disciplina milenaria que esconde un verdadero tesoro. Te presento el primer dogma de la Profemocionalidad: la respiración.

Hay que empezar por lo primero. Para familiarizarte con esta herramienta y tomarla como hábito saludable, lo primero que tendrás que hacer es elegir un lugar tranquilo donde te puedas relajar. Antes de iniciar esta aventura que es la Profemocionalidad, te recomiendo que encuentres un momento de calma y de serenidad. De esta manera, podrás enfocar toda tu atención y la concentración para captar la esencia de este libro. Es importante que inicies el aprendizaje de estas lecciones estando tranquilo.

Podrás también compaginar este método de la respiración con una actividad física como el taichí, el yoga, el pilates para así tomar el hábito de respirar mientras ejercitas tu cuerpo físico. Eso te dará pie a utilizar instintivamente la respiración cuando te plazca y lo requieras. Tómatelo como un añadido, un plus en tu vida cotidiana. Con el tiempo y con perseverancia, tu misión será la de convertir ese hábito de respirar en una práctica que complemente tu día a día.

Resulta que los estados indeseados que nos acechan a diario, son consecuencias directas de la falta de oxígeno que padece el cerebro y que es tan necesario para la calma. El nerviosismo, el estrés, el enojo, los impulsos, son alteraciones del sistema nervioso, del cerebro. El principal responsable de esos padecimientos son los incesantes e incontrolables pensamientos que vas generando. Lógicamente, la naturaleza de estos influirá de forma directa en tu estado anímico. Bien sean causados por elementos informativos externos a tu condición, o bien por elementos internos como preocupaciones, responsabilidades y miedos, que están ligados a tu trabajo, a tu familia, a tus amigos..., y que restan evidentemente procesos psíquicos. Estos mecanismos tan disconformes en su naturaleza, se van almacenando con desorden en tu mente, tomando el control sobre tu existencia de manera inconsciente. Compruébalo, estimado lector. Esos sucesos de tu mente se podrían comparar a una verdadera película donde el género será de tu elección, hablando en forma de metáfora.

De ahí la necesidad de autocontrol de esos engranajes involuntarios e infructuosos. Educa tu mente.

<u>**Ejercicio práctico:**</u>

Elige un lugar tranquilo, en donde te sientas a gusto, cómodo, y que te dé buenas vibraciones. Por mi parte, te recomiendo que aunque no seas un experto en métodos de respiración, te ayudes en tus inicios con un objeto, un símbolo..., para que lo cojas y te permita enfocar toda tu atención en un punto fijo. Una vela encendida puede ser eficaz, o bien un punto marcado en la pared que sea neutro. Concéntrate en estas respiraciones e intenta que sean profundas.

Ejercicio práctico: ¿cómo respiramos?

- Inhala por la nariz, procurando que el oxígeno que entre por tus fosas nasales invada todo tu cuerpo de manera fluida, lenta y continua. Siente como se hincha el vientre.

- Exhala por la boca o nariz, procurando que el oxígeno salga a la superficie de manera fluida, lenta y continua. Siente cómo se encoge el vientre.

  Así de fácil, estimado compañero de viaje. Eso es: inhala y exhala. Habrás realizado un ciclo.

Deberás completar el juego realizando un total de diez ciclos seguidos. Estos diez ciclos constituirán una serie. Parece sencillo, ¿verdad?

Es necesario que estos ciclos de respiraciones los ejecutes de forma continua, sin que hayas perdido la cuenta progresiva en la enumeración. La parte difícil del juego es la de volver a empezar desde el comienzo, de cero, en caso de haber perdido la cuenta progresiva. Los primeros cuatro o cinco

ciclos son decisivos, ya que a partir de ahí en adelante, es cuando empezarás a sentir que tu ritmo cardiaco disminuye, y se apaciguarán las emociones a flor de piel que posiblemente padezcas. Estas se irán aquietando para que en los posteriores ciclos encuentres la calma.

El ejercicio consistirá en lograr realizar una serie.

Con este primer ejercicio, irás sumando de forma paulatina el número de series. Poco a poco, pasarás a realizar dos series seguidas, luego tres y así sucesivamente. Con este proceder de la respiración consciente junto al poder de sentir y del *Carpe Diem* que verás más adelante, serás capaz de adiestrar tu mente y tomar así el control de tus pensamientos. Evitarás que estos se conviertan en una bola de nieve y en una avalancha emocional. Si eres capaz de amaestrar tu mente, esta se convertirá con el tiempo en una de las bases fundamentales para convertirte en eficiente.

Este trabajo, aparte de ser sumamente saludable, es muy útil para potenciar la atención, la concentración, así como desarrollar la imaginación. Te ayudará mucho a lo largo de este viaje.

«El cerebro no es un vaso por llenar, sino una lámpara por encender».

Plutarco

Querido amigo, ¿te has parado alguna vez a ver a un bebé respirar cuando duerme? Es una verdadera delicia. El sueño de un niño en sus primeros años. Fíjate en su manera de respirar, en el movimiento que

realiza su cuerpo. Sus vaivenes inhalando, sacando hacia fuera la barriguita; exhalando, soplando pausadamente el oxígeno mientras su tripita se mete hacia dentro. Contémplalo. Es un arte. Permíteme decirte que para mí, la respiración podría formar parte de las siete maravillas de la salud.

Amigo lector, acabas de descubrir el primer prodigio que te brinda la vida.

- PASO 1 **<u>Conócete y haz un balance:</u>** ¿Quién soy?

Querido lector, esta parte que viene a continuación es delicada y complicada.

Deberás averiguar, dentro de ti, si lo que estás haciendo en tu vida profesional te gusta realmente, si te divierte, si lo haces por obligación, por imposición o bien porque tienes que velar por tus responsabilidades y tus necesidades básicas. Sé sincero contigo mismo. No te engañes. Las preguntas con las que te vas a encontrar y otras que posiblemente te cuestionarás, tendrán como finalidad hacer un chequeo de tu situación profesional y ¿por qué no?, también de la personal. Pondrás a prueba tu humildad. En el transcurso de esta operación, quizá más de una vez, es posible que te rías de ti mismo o por el contrario, te asustes mientras vayas conociéndote.

Nota: Si no dispones de unos minutos ahora para llevarlo a cabo, estás en tu derecho de echarle un vistazo por encima y así, comenzar a reflexionar y retomar estas cuestiones cuando dispongas de tiempo libre. Si por el contrario, puedes dedicarte ahora, adelante. ¿Estás preparado?

<u>Ejercicio práctico:</u>

Tómate un tiempo, coge un lápiz y una hoja y comienza a responder a una serie de preguntas que te valdrán para averiguar dónde te encuentras ahora, hacia dónde vas y hacia dónde quieres ir. Es una forma de investigar

lo que quieres realmente en tu vida, lo que no, lo que esperas de ella, cómo quieres vivirla, cómo te gustaría que fuera y saber cómo controlarla. Un poco de música puede ambientar tu indagación.

¿Me gusta lo que estoy haciendo? ¿Me aporta felicidad? ¿Me siento realizado?

Este tipo de preguntas son las que te generarán dudas, inseguridades, recelo, desazón, incluso desánimo.

Preguntas que te pueden surgir:

¿Qué me aporta este trabajo? ¿Me parece divertida mi profesión? ¿Qué cosas sé hacer bien? ¿Qué es lo que no me gusta? ¿Cuáles son las causas? ¿Por qué? ¿Qué puedo hacer para remediarlo? ¿Me siento valorado en la empresa? ¿Qué tal llevo la relación con mis jefes? ¿Me dan ellos el valor que merezco? ¿Cuál es el estatus y la valía que me otorga la empresa? ¿Mi actitud es la correcta? ¿Me siento realizado en mi trabajo? ¿Me gusta realmente? ¿Por qué lo hago? ¿Por obligación? ¿Me siento recompensando por los sacrificios que estoy haciendo? ¿Me dan resultados? ¿Mi tiempo y esfuerzo es proporcional a los resultados que obtengo? ¿Es eficaz mi trabajo diario? ¿Soy realmente rentable para la compañía? Los sacrificios que hago ¿están a la misma altura que el salario que percibo? ¿Me siento presionado? ¿Qué necesito mejorar? ¿Me desanimo fácilmente cuando recibo reprimendas? ¿Tengo dudas respecto a mi potencial y mi método? ¿Soy bueno? ¿Por qué fallo tanto? ¿Qué podría hacer para que el trabajo me produzca más alegrías? ¿Me siento bien conmigo mismo? ¿Qué espero de un trabajo? ¿Qué quiero hacer con mi vida? ¿Qué es importante acerca de lo que yo hago? ¿Por qué elegí este trabajo y no otro? ¿Es buen momento para cambiar de profesión? ¿Qué puedo hacer? ¿Qué estudiar para cambiar mi situación actual? ¿Me

veo en esta misma empresa veinte años más? ¿Sé realmente hacer lo que necesito para aumentar mis oportunidades de éxito en un trabajo? ¿Cuál es mi don?

Y por supuesto, ¿por qué hago bien mi trabajo? Sí. Hay mucha gente así. Personas que han sabido sacar partido de sus cualidades, de sus defectos, de sus debilidades, para mejorarlas, perfeccionarlas y convertirlas en eficientes. Trabajándolas, limando las asperezas con disciplina y esfuerzo, para lograr una vida duradera y exitosa. ¿Te atreves? Más adelante, en el paso 2 (Conócete a ti mismo) encontrarás la manera de empezar tu transformación.

Lo importante de este juego es interiorizarte. Dime, ¿qué quieres, amigo mío? Esta es tu tarea, tu segundo reto personal, que forma parte de ti.

Sí. Uno en este recorrido, puede llegar a vivir la vida que siempre ha soñado.

En mis inicios como comercial y sin experiencia, experimenté dudas existenciales que me permitieron averiguar lo que realmente quería hacer con mi vida y conquistar mis sueños.

Con el transcurso del tiempo y la adquisición de madurez, hoy puedo decir lo que realmente quiero cumplir y realizar en esta vida. Un ejemplo es publicar este libro, junto a otros dos, en los que hablo sobre la Venta: *El Número 1 en Ventas y Sé el próximo Número 1 en Ventas*. También quisiera montar la primera y verdadera escuela del mundo especializada en la Venta para promover una formación eficiente y virtuosa. Una escuela basada en valores, en principios datados de miles de años de antigüedad, y ayudarte a que adquieras los pilares fundamentales **para que no seas el**

último en ser el primero. Además me gustaría dar conferencias por todo el mundo e impartir mis enseñanzas.

Estimado lector, debes aprender a tener esa *joie de vivre* que contagie a tus compañeros de trabajo y les impulse a desarrollar su labor junto a ti con la debida armonía en el seno profesional. Créeme, esa actitud te lo agradecerán tus superiores y te abrirán nuevas puertas en la compañía. No solo de cara a la dirección, sino también respecto a los clientes, los proveedores y la gente que te rodea. Pero para ello, previamente deberás conocer quién eres realmente, para sacar lo mejor de ti, amigo mío.

«La felicidad es la certeza de no sentirse perdido».

Jorge Bucay

PASO 2 **Yo como profesional.:** Conócete a ti mismo.

«Te conocerás a ti mismo en cuanto empieces a descubrir en ti defectos que los demás no te han descubierto».

Friedrich Hebbel

Ahora que ya sabes lo que quieres y encontraste las respuestas a tus interrogantes, toca la decisión de cambiar. Cuando sea así, bien por obligación, por necesidad o sencillamente por el mero hecho de mejorar, no hay vuelta atrás. Esa es la actitud, querido profesional.

Emprenderás un viaje continuo de metamorfosis que al comienzo, te supondrá esfuerzo, sacrificio, pero que estará trufado de grandes éxitos. La intensidad en las pautas, los descansos y el ritmo de tu ascensión te lo impondrás tú. El secreto residirá en encontrar el equilibro.

«A partir de cierto punto no hay retorno. Ese es el punto que hay que alcanzar». Franz Kafka

Adelante...

Sé consciente, metafóricamente hablando, de que cuanto más cargada esté tu mochila de elementos, menos libre te sentirás en la vida, a nivel personal y profesional. Tienes que saber que las vivencias, las experiencias, las creencias de tu pasado las vas arrastrando, y convives con ellas en tu presente. En función de la naturaleza, estas probablemente te impidan tener una vida plena y satisfactoria. Estas posibles cadenas te mantienen en tu pasado haciéndote viajar al futuro sin vivir intensamente el día de hoy. El concepto tiempo lo verás más adelante en el apartado dedicado al poder del *Carpe Diem*.

Estos estados mentales son las principales razones por las que pierdes concentración, vitalidad, entusiasmo, constancia e ilusión. Mediante la técnica que vas a ver a continuación, vas a liberarte de esos bloqueos que te paralizan y así seguirás con tu evolución en el proceso de la Profemocionalidad. La persona no es su conducta, la persona realiza conductas.

¿Te has cuestionado alguna vez cómo podrías mejorar tu situación actual desde otra perspectiva? «Tengo que cumplir con mis obligaciones

cueste lo que me cueste». ¿Es posible que hayas adoptado esta postura en algún momento de tu vida? ¿En algún momento te has parado a reflexionar sobre la simpleza de afrontar tus problemas dando rodeos, en vez de escalar la montaña? ¿Cuál camino crees que es más corto? ¿El más apto a tu visión? Para ello, es imprescindible explorar el estado de tu mochila.

Vas a hacer una retrospectiva en lo más profundo de ti para averiguar la base desde la que partes. Te hace falta saber qué tienes que hacer para progresar y cómo puedes transformarte y así, moldearte a tu gusto.

Los apartados que vas a ver a continuación van a ser el estudio de tu propia naturaleza como ser humano. En él, será imprescindible dedicarte tiempo. Los resultados serán realmente deliciosos para el alma, el bienestar y para tu profesión.

> «A todo hombre le es concedido conocerse a sí mismo y meditar sabiamente».
>
> Heráclito de Éfeso

Nota: Si no dispones de unos minutos ahora para llevarlo a cabo, estás en tu derecho de echarle un vistazo por encima a estas secciones, y así comenzar a reflexionar y retomar estas cuestiones cuando dispongas de tiempo libre. Si por el contrario, puedes dedicarte ahora, adelante. ¿Estás preparado?

<u>**Ejercicio práctico:**</u> Este ejercicio va a dividirse en dos partes.

1. <u>Conceptos existenciales</u>. A tener en cuenta.

2. <u>El modelo.</u> ¿En qué te quieres convertir realmente?

Coge un papel y un bolígrafo y empieza a escribir, apartado por apartado, lo que creas que es realmente relevante saber de ti mismo. Recuerda: sinceridad y humildad. Sí. Necesitarás un tiempo de dedicación para trabajar al respecto. Insisto: los resultados dependerán directamente de tu implicación.

Encontrarás a continuación una serie de criterios fundamentales que te servirán para encontrar tu punto de partida. Este ejercicio te indicará las líneas y las pautas de actuación para realizar con eficacia tu cometido. Serás tú el que deba encontrar las respuestas de forma intuitiva o bien a través del método de la lógica. Esta parte es personal, exclusiva y única.

Una vez ejecutado este modelo, podrás dibujar tu estrategia y emprender el camino. A mí me funcionó, ¿por qué a ti no?

«El que está acostumbrado a viajar, sabe que siempre es necesario partir algún día». <u>Paulo Coelho.</u>

1. <u>Conceptos existenciales:</u>

La motivación:

¿Sabes realmente lo que es la motivación? Dime una cosa, querido lector: ¿por qué quieres ser feliz en tu trabajo? ¿tus principales razones pueden ser evitar la monotonía, encontrar la calma, garantizar tu estabilidad, sentirte bien, convivir en armonía, forjarte un espíritu vencedor, sentirte más realizado, más feliz? ¿cuáles son? Pregúntate: ¿por qué quieres ser más feliz?, ¿por qué quieres cambiar?, ¿por obligación, o por el mero hecho de encontrarte en un punto de tu vida en el que ya no puedes avanzar y no sabes cómo ni hacia dónde ir?, ¿puede que sea también por propia voluntad y deseas empaparte de nuevas enseñanzas para evolucionar en todos los aspectos de tu vida? Dime una cosa, querido lector: ¿merece la pena pagar un alto precio por semejante tarea y exponer tu persona a esfuerzos tan duros?, ¿estás dispuesto?, ¿qué cambios esperas realizar en ti?, ¿qué crees que te aportarán estos?, ¿qué vas a ganar con este estado deseado?, ¿cómo te gustaría que fuese tu vida después de haber estudiado este libro y de haberlo puesto en práctica?, ¿cómo te imaginas tu vida en un futuro próximo?, ¿serías capaz de realizar la vida que siempre has soñado?, ¿te sientes preparado?

Tienes que plantearte este tipo de preguntas poderosas, e intentar obtener respuestas sinceras contigo mismo para que puedas averiguar el poder de convencimiento con el que inicias la ascensión.

«Las personas fuertes crean sus acontecimientos; las débiles sufren lo que les impone el destino». Alfred Víctor de Vigny

Es importante que tu motivación sea lo suficientemente poderosa para emprender esta aventura. El grado de motivación influirá de forma directa en los resultados y podrás tener el estado de ánimo propicio. Cuanto más motivado estés, más fácil será el proceso. Esto será determinante para subir escalones en tu carrera profesional, lograr éxitos o simplemente, mantenerte de manera óptima. Dime, ¿en qué te quieres convertir?

«Vencerse a sí mismo un hombre es tan grande hazaña, que sólo el que es grande, puede atreverse a ejecutarla».

Pedro Calderón de la Barca

Las circunstancias:

El momento. ¿Es el idóneo para emprender este cambio en tu persona y en tu situación? En esta época tu vida, las circunstancias que te rodean ¿son aptas para dedicarle con asiduidad unos instantes al estudio?, ¿te encuentras en el momento adecuado? Recuerda: prevalece la disciplina. ¿Cómo vas a organizarte? ¿Cómo puedes reservarte unos minutos para hacer esta tarea? ¿Cuándo podrías quedarte liberado a lo largo del día? ¿Tienes la posibilidad de encontrar un instante? ¿Cómo podrías, qué debes hacer para encontrar esos ratos momentos y dedicarlos en exclusiva a estas tareas?

Sí. Debes realizarte este tipo de preguntas para saber si es la época oportuna, con respecto a tu trabajo, a tu vida social, a tu familia. Estudiar, investigar, practicar, serán parte de tu labor. Sé consciente de que la vida consiste en elecciones y prioridades. ¿Sería una de ellas ahora llegar a ser feliz en tu profesión?

«Cuando quieres realmente una cosa, todo el Universo conspira para ayudarte a conseguirla». Paulo Coelho

Los recursos:

- **¿Tengo tiempo?** Créeme, hay tiempo para todo. Todo es posible en esta vida con una buena organización, la debida atención, la concentración idónea y las ganas. Deberás imponerte unos *timmings*, unos retos temporales para así volcarte de tal manera que los lleves a cabo siempre. Tienes que ser consciente de que vas a necesitar tiempo para realizar estas lecturas y aprendizajes.

¿Cómo podría organizarme para aprovechar esos tiempos muertos y sacarles partido? ¿Qué hábito puedo reemplazar para así ganar unos minutos? ¿Sería capaz de despertarme veinte minutos antes? ¿Sustituir el coche por el metro o autobús durante mis desplazamientos y aprovechar los trayectos?

Deberás respetar con disciplina este método, organizando tu semana de tal manera que inviertas un tiempo en tu evolución. Si realmente quieres, puedes. Será elemental la calidad de estos ratos que dediques, aunque sean breves, para ir asimilando en la forma debida estas técnicas. Así también desarrollarás exponencialmente tu atención y mejorarás la calidad a la hora de asimilar y retener tu aprendizaje.

<u>Ejemplo:</u> «Voy a dedicar todos los días treinta minutos para desarrollar un tema. O bien repasar por encima un tema en concreto para captar la idea y cuando tenga algún rato libre, voy a reflexionarlo. O en los tiempos muertos: mientras estoy en el metro, o cuando estoy bajo la ducha o mientras espero a un amigo».

Hay muchos momentos que pueden ser provechosos y muy útiles. El concepto «tiempo» es sagrado, y hay que aprender a sacarle todo el provecho. Tanto como los años y como la vida. De ahí que las mujeres tengan la capacidad de realizar varias cosas a la vez. Aprende de ellas. Con en el tiempo, estimado amigo, también podrás ocuparte de varios asuntos y hacerlos bien. Cuántas mujeres cuidan de los niños, trabajan, estudian, se ocupan del hogar... a la vez.

«La vida es muy peligrosa. No por las personas que hacen el mal, sino por las que se sientan a ver lo que pasa». Albert Einstein

- ¿Qué esfuerzo me supone? Hay que ser consciente del esfuerzo que te exigirán estos cambios. Te recuerdo que son patrones, costumbres, conductas, hábitos (lacras para algunos), adquiridos desde la más tierna infancia. Incluso que has ido adoptando y desarrollando inconscientemente con el paso de los años. Tendrás que armarte de valor, de voluntad, de paciencia, de perseverancia, así como tenacidad, decisión y disciplina para cambiar los hábitos más arraigados. Deberás combatir las falsas creencias, adoptar ciertas y nuevas virtudes para crear tu nueva personalidad.

«Si añades un poco a lo poco y lo haces así con frecuencia, pronto llegará a ser mucho». Hesíodo

- ¿Qué conducta has de adoptar? Es fundamental la conducta que adoptes. Deberás mantener una disciplina estricta que muchas veces comenzarás y volverás a iniciar desde cero una y otra vez. La actitud prevalecerá sobre todo lo demás junto al rigor en el esfuerzo.

Estimado lector: todo lo que es bueno, cuesta conseguirlo. Estará en tus manos la elección que quieras tomar para alcanzar unos excelentes resultados. Todo depende de ti y de cómo quieras comportarte. ¿Acaso no te sacrificaste para tener una carrera universitaria, conseguir un ascenso o aprobar el carnet de conducir? Para el examen teórico de este último, ¿en cuánto tiempo decidiste obtenerlo? Esto dependerá de ti. Hay ciertos factores que dependerán solo de ti en la consecución de tus objetivos. Si los quieres obtener en pocos meses o bien, en varios años, es una cuestión exclusivamente tuya.

En algunas otras cosas tendrás que depender de factores externos y deberás acatar el *timming* impuesto, procedente de un contexto externo, independientes de tu voluntad. Ejemplos de esto pueden ser el requisito de poseer dos años de experiencia para conseguir un empleo o bien contar con cierta edad para cursar una formación.

Pero esta misión, la tuya, la de ser feliz en tu trabajo, dependerá directamente de tu intención y motivación. Decidirás según el tiempo del que dispones, el deseo, el grado de implicación en el estudio y seguidamente, pondrás en práctica estas lecciones.

Tampoco tengas prisa. Todo tiene un equilibrio. Sé perseverante y ten constancia. Te doy una recomendación que puede servirte y ser muy útil: tómate tu tiempo para evitar la hiperactividad, el estrés y la ansiedad.

«Cualquier esfuerzo resulta ligero con el hábito». Tito Livio

- **¿Qué información necesito?** Hay mucha información. La encontrarás en diversos buscadores de internet, en las bibliotecas, en libros de autoayuda, que están trufados de buenos ejemplos, de palabras sabias, escritos de filósofos, de escritores de relevante prestigio y en los cuales podrás profundizar sobre algunos temas que creas oportuno dominar.

Tu reto consistirá en empaparte de lo sustancial, y guiarte por este libro para tu propia formación. Tropezarás con palabras que posiblemente sean extrañas en tu léxico habitual, con nombres de virtudes, habilidades y aptitudes desconocidas, pero que te ayudarán en esta senda. Necesitarás entender la esencia de estas, para así reconocer tu debilidad y adoptar el propósito de afrontarla para mejorar. Con ese simple hábito, fundarás tus cimientos e iniciarás el camino de tu superación personal. Mediante lecturas que te iré recomendando a través de mis redes sociales, podrás llenarte de sabiduría, y serán aptas en tu búsqueda y tu realización. Te encontrarás con numerosas citas, proverbios y ejemplos que te valdrán de guía.

La persona que necesita aprender a ser más paciente, por ejemplo, buscará la esencia de la palabra en un diccionario, y entenderá, en primer lugar, su significado. Así tendrá un punto de partida preciso para realizar la tarea que se proponga emprender. Este es el caso, por ejemplo, del arte de la prudencia: una vez comprendido su alcance, podrás leer la obra maestra de Baltasar Gracián y ponerla en práctica en tu día a día. Para cada virtud y valor que quieras adoptar, tendrás que iniciar una previa búsqueda de información específica y propia.

«El saber es poder». David Hume

- ¿Qué esfuerzo personal me exigirá? Mentalízate ya de antemano: este libro NO es un regalo en su forma literal ni será un camino de rosas. Sacrificio, disciplina, constancia, actitud, perseverancia y trabajo personal serán, entre otras, las claves para esta tarea de la Profemocionalidad. Te retarás una y otra vez. Esta disposición mental te permitirá cambiar instintivamente tu estado emocional de forma positiva, cuando estés sufriendo los sinsabores de la vida. Será precisamente en esos momentos de tu existencia cuando tu convicción y tu afán de seguir subiendo los escalones, te harán, en más de una ocasión, retroceder un paso y dar dos pasos adelante después. Con la experiencia, esas transiciones en el tiempo, esos pasos metafóricos, serán cada vez más cortos y te conducirán a la superación personal y al resurgimiento.

«Cuanto más se aproxima uno al sueño, más se va convirtiendo la leyenda personal en la verdadera razón de vivir». Paulo Coelho

2. El modelo:

Tus convicciones:

Aquí, querido amigo, tu tarea será la de exponer tus creencias más arraigadas,, las generalizaciones que tienes sobre ti, sobre el mundo que te rodea.

Estas son precisamente las que entorpecen la posibilidad que tienes de ver más allá de las apariencias y son la causa de cometer siempre los mismos errores. Te impiden ampliar tus horizontes y te hacen

reaccionar de una manera mecánica, como un autómata. Vienen dadas por tu educación, la sociedad, tu círculo de amistades y tu entorno profesional. De ahí que muchas personas en la edad adulta, sean incapaces de evolucionar, de ser responsables, de madurar, y son la causa de divorcios, desórdenes mentales y otras situaciones conflictivas. Este tema trascendental volverás a encontrártelo más adelante en el apartado que desarrolla el poder del *Carpe Diem.*

Las creencias que mantienes, que adoptas ahora, hacen que permanezcas atrapado en situaciones conflictivas internas. Si tus actos son contrarios a tus creencias, si tu actitud cotidiana no te proporciona las satisfacciones que creías que te aportaría, te irás deteriorando progresivamente hasta llegar a la autodestrucción.

«Los hombres creen gustosamente aquello que se acomoda a sus deseos».

Julio César

Tus conocimientos:

Estas competencias son las capacidades intelectuales y cualidades físicas de que dispones para alcanzar el estado presente o el estado que desees.

Es necesario hacer un balance de tus posibilidades. Para ello, es conveniente que hagas una lista de tus capacidades, de las que eres consciente y con las que te desenvuelves bien y eres bueno. Pero también es oportuno realizar un registro de las que quieres adquirir para ser feliz en tu profesión.

Es recomendable que te apoyes en la ayuda de la gente que más te conoce, como la familia, los amigos, los compañeros de trabajo, etc., para desarrollar esta función y conocerte mejor. La astrología, incluso, puede servirte de orientación en los rasgos generales de tu personalidad, ya que a mi modo de ver, es un instrumento extraordinario que, además de sorprenderte, te servirá; recuerda que es una ciencia milenaria elaborada por científicos. Qué mejor guía que la astrología para conocerte y evolucionar hasta donde quieras.

Las tácticas:

La máxima de este apartado reside en la creación de tu plan de ataque, tu estrategia para hacer frente a ti mismo.

Lo que vas a ver a continuación es un programa neurológico. Es decir, un plan construido a conciencia que organizará tu cerebro para así dirigir y estructurar tus comportamientos y respuestas. Esta sección tiene como misión enfocar toda tu atención y tus esfuerzos a combatir con disciplina esa o esas conductas que obstaculizan tu camino, y convertirlas en fortalezas. En el caso de ser perezoso, mediante este modelo de actuación, tratarás de trazar unas líneas de actuación para cambiar de hábito. Hazte preguntas de este tipo: ¿qué debo hacer para mejorar esta debilidad?, ¿cómo empiezo?, ¿por dónde? O ¿qué es la pereza exactamente?

Pitágoras, un gran filósofo de todos los tiempos se proponía una meta mensual para transformarse en un hombre sabio. Cada mes trabajaba una virtud o un valor distinto, que iba añadiendo a su personalidad. Por ejemplo, durante un mes trabajaba el aprendizaje de la

templanza. Se dedicaba exclusivamente a averiguar el significado de esa palabra, a entender su esencia y ponerla en práctica en su día a día. Mediante la práctica constante de esa virtud, la convertía en hábito. Según la ciencia, el cerebro asimila una conducta al cabo de veintiún días de repetición. Una vez ya adquirida esa nueva costumbre, está en disposición de aprender otra, como por ejemplo la constancia.

¿Y qué es la virtud?

Según Wikipedia una **virtud** es una cualidad que permite a quien la posee tomar y llevar a término las opiniones correctas en las situaciones más difíciles para cambiarlas a su favor. El virtuoso es el que está en camino de ser sabio, porque sabe cómo llegar a sus metas sin pisar las de los otros, porque pone a los demás de su lado y los lleva a alcanzar un objetivo diferente. El virtuoso es el que sabe «remar contra la corriente». También, una persona virtuosa es aquella que sabe sacar adelante cualquier problema que se avecina. Es una persona que tiene muchas cualidades y las pone en práctica a diario.

«No hay que empezar siempre por la noción primera de las cosas que se estudian, sino por aquello que puede facilitar el aprendizaje». Aristóteles

Ejemplo: «A nivel comercial, este mes voy a aprender a ser proactivo. En primer lugar, voy a entender su significado, captar su esencia y así, día a día, ponerla en práctica hasta que forme parte de mi personalidad. Una vez ya adquirida esa cualidad, el siguiente mes, me dedicaré a la perseverancia, el siguiente a la oratoria, el siguiente a la prudencia, y así sucesivamente.

Mediante metas a corto, medio y largo plazo y con el uso de los *timmings*, llevaré a cabo estos aprendizajes».

Este tema, que hace alusión a las metas, lo podrás ver más delante en el capítulo 4 titulado El Poder de la Visión. Utilización de todo tu potencial.

Los medios:

Esta parte radica en averiguar las técnicas, las habilidades, los patrones y modelos de conducta de los cuales dispones y que vas a necesitar incorporar para superar las interferencias.

¿Cuáles te faltan? ¿Qué capacidades deseas tener para lograr ser una buena secretaria? Se parte de la base fundamental de ser un buen profesional, amable a la hora de atender a las personas. Deberás adoptar otros elementos como la moderación, la integridad, la imagen, la buena conducta, la educación, la empatía, la sonrisa, el sentido del humor, la proactividad, la paciencia, la perseverancia, la constancia, la oratoria, una cultura general, los modales..., y por supuesto la debida amabilidad.

«El querer lo es todo en la vida. Si queréis ser felices lo seréis. Es la voluntad la que transporta las montañas».

Alfred de Vigny.

Las intromisiones:

En este apartado, vas a ver los factores que nacen de tu interior y se proyectan hacia el exterior; estos se interponen entre tu estado deseado y tú.

Son barreras que impiden tu realización, de dentro hacia fuera. Pueden ser tus creencias, el desinterés, los siete pecados capitales, la mala educación, la descortesía, el desenfreno, el desasosiego, la inconstancia, la

destemplanza..., y serán lógicamente los detonantes de esas intromisiones que dificultan tu ascenso. Será crucial que averigües por qué algo no funciona. Deberás aprender a ser flexible y ágil para cambiar. Recuerda: si algo no funciona, cambia.

Tienes que optar por la funcionalidad. Es decir, lo que utilices, lo que hagas, lo que desarrolles, tiene que estar acompañado del propósito firme de cumplir una función bien determinada. Tienes que tener claro en todo momento lo que haces y has de perseguir un fin, con resultados concretos y plausibles. ¿Para qué quiero emplear esta técnica? ¿Qué fin quiero alcanzar utilizando esta enseñanza?

«La calidad nunca es un accidente; siempre es el resultado de un esfuerzo de la inteligencia».

John Ruskin

Recuerda que existen momentos de acción y de inacción. Momentos en los que actuarás y otros en los que serás espectador. Deberás alternar los roles en función de tu cliente. Mezclemos los dos papeles: la práctica y la teoría. Será mucho más divertida tu vida.

Estas nuevas aptitudes de la Profemocionalidad irán integrándose de manera natural en tu nueva personalidad y fundiéndose en el proceso de cambio.

Como decía mi papá —y perdóname esta metáfora tan significativa para mí—: «No hay que ir más rápido que la música. Tiempo al tiempo». Hacer lo que hay que hacer, y dejar que se desarrolle en uno mismo lo que se tiene que desarrollar.

Los principios:

El éxito o el fracaso dependerán única y exclusivamente de ti, amigo mío. Tienes que ser consciente de ello.

El resultado dependerá de tu forma de ser y del comportamiento que vayas adoptando. La actitud es elemental. Hay un plus sumamente influyente denominado «suerte», que se puede invocar, creer en él y tener fe, pero tienes que entender que esa suerte debe estar acompañada del trabajo y de la debida disposición y preparación mental para lograr tenerla.

Independientemente de la suerte, la razón y la lógica intervendrán donde puedan interponerse tus anhelos. Es decir, supón que quieres ser un deportista de élite, por mucho que invoques a la suerte y anheles un milagro, tienes probabilidades de serlo si trabajas con disciplina; si consumes sustancias dañinas como el tabaco o el alcohol de forma desmedida, tus esperanzas se verán reducidas considerablemente, y mermarán así tus probabilidades de éxito. Qué estupidez ¿verdad? Es como si pretendieras concluir las ventas sin realizar llamadas telefónicas ni visitar a clientes potenciales.

Querido lector, la suerte existe para el que la busca.

«La suerte favorece sólo a la mente preparada».

Isaac Asimov

Como todo en esta vida, existe la otra cara de la moneda. Intervendrán factores que no dependerán de ti directamente y que estarán en manos de la sociedad y de las autoridades. El tiempo, las catástrofes, las guerras... podrán interferir en el resultado que te has propuesto. Llama a esto

Providencia. Es el caso de ese mismo deportista de élite si no pudiera realizar su prueba olímpica por ausencia de nieve, y se cancelara la competición quedándose sin su título. O el caso de estar a punto de realizar una venta cuando el cliente potencial se dispone a ausentarse de la oficina a raíz de una urgencia.

Como he mencionado anteriormente, tu misión es realizar tu plan de actuación, teniendo bien claro desde el inicio cuál va a ser este, cuáles van a ser tus retos hasta alcanzar tus sueños.

> «Hay que saber lo que se quiere. No basta con querer, hay que saber qué se quiere».
> Friedrich Nietzsche

Calibración

Estimado lector, ¿qué es la superación personal? Es la capacidad de vencerte a ti mismo afrontando tus debilidades, tus defectos, y convertirlos en fortalezas.

De ahí la importancia que tiene, tal como viste anteriormente, averiguar tus imperfecciones, reconocerlas, recaudar la información necesaria al respecto, captarlas en su esencia, para así empezar el proceso calibrando necesariamente tus acciones.

Es fundamental que gradúes la aplicación de toda esta información. La prudencia y la cautela serán importantes a la hora de ir probando esas enseñanzas en función de la vivencia o situación que se te presente o

hayas provocado. Te recuerdo que el tema de este libro, la Profemocionalidad, es un entrenamiento mental con la misión de sacar todo tu potencial innato.

Sí, es difícil soportar, por ejemplo, que te tachen de perezoso. Será de vital importancia darse cuenta de esta debilidad para aprender los pasos y tornar esa pereza en proactividad. Si te has convertido en un holgazán, averígualo, amigo mío.

¿Te atreves a superar esta debilidad si la padeces? ¿Aceptas mi reto, compañero?

«A veces, cuesta mucho más eliminar un solo defecto que adquirir cien virtudes».

Jean de la Bruyere.

- PASO 3 **El Ego:** Mi yo.

Antes de empezar con esta enseñanza, permíteme hacer un paréntesis-opinión, estimado lector. Esta anécdota personal que voy a describir ahora está estrechamente ligada a lo que acontece con respecto al *ego*, a la forma de ser de cada uno y a tu posible naturaleza.

Las buenas personas, por nuestra naturaleza, estamos expuestas a recibir ataques gratuitos, reprimendas de toda índole a modo de manipulación. Ciertas personas procuran rebajarnos de tal manera que buscan el modo de dañar nuestra imagen, nuestra reputación, nuestra autoestima y nuestro potencial. Por eso tendemos a padecer culpabilidad. Aprovechan nuestra buena disposición, nuestra buena voluntad, para

llevarnos a su terreno y manipularnos a su antojo. Estamos expuestos constantemente a todo tipo de engaños, cosa que, con el tiempo, nos hace sentir como títeres. Este fue mi caso y emprendí el mayor reto hasta la fecha de hoy. Recientemente descubrí una de las mejores herramientas: la indiferencia. Con la madurez, estoy descubriendo una postura más saludable. Pensarás que más egoísta. Considero elemental hallar el equilibrio para seguir mi camino. La dualidad interna que me acompaña en este momento, pertenece a la transición que estoy experimentando entre la indiferencia radical, causa de estados indeseados y sentimientos negativos, y la necesidad de alcanzar una sana comunicación. ¿Cuál será mi evolución en ese aspecto?

«A los hombres fuertes les pasa lo que a los barriletes; se elevan cuando es mayor el viento que se opone a su ascenso».

José Ingenieros

El apartado que llega a continuación es de gran importancia, ya que en él se aborda un tema directamente relacionado con tu personalidad más profunda. Es el *ego*: tu yo. Este término es complejo de explicar. Lo definiré, a modo de resumen, diciendo que abarca dos cuestiones: cómo eres y cómo te muestras ante la vida. Es primordial averiguarlo. Este comportamiento es heredado, y lo has ido experimentando a través de tus vivencias desde tu más tierna infancia. Este es el resultado de cómo te ves a ti mismo hoy.

Querido lector, seguramente quizá ya lo sepas; el *alter ego* es una muestra clara de debilidad. Es corriente que tus superiores, tus compañeros, tus amistades, etc., intenten en algún momento rebajar, cuestionar tu personalidad, menospreciarte, amenazarte y hacerte daño con sus

comentarios. Quienes intentan agredirte durante la comunicación expresan su inseguridad mediante vejaciones e insultos (acción) adoptando una actitud de defensa. En consecuencia, provocan en ti una respuesta defensiva (reacción). Estos comportamientos, de forma involuntaria, se reflejan en el lenguaje verbal y en el corporal. La falta de seguridad en ti mismo desemboca en esta actitud tan humana y estéril, que provoca indecisión, duda de tus aptitudes y capacidades y además puede causarte un daño neurológico. Lógicamente, con el tiempo, a causa de tu falta de confianza, la seguridad en ti mismo se verá afectada, interfiriendo en tu camino y haciéndote objeto de la manipulación.

Con este proceder, el que ataca se vale de un soplo de autoestima, de seguridad, al mismo tiempo que de una cuota de poder. Mediante el uso de la agresividad, esta persona se reafirma en su estatus. Querido amigo, aquí te presento al *ego* en estado puro. Conducta muy común en el ser humano. Lo que no saben estas personas es que esta actuación es tan contraria a la razón y la lógica que choca de pleno con sus fines. Metafóricamente hablando, no se dan cuenta de que es una tapadera para ocultar sus debilidades. Si amigo, compruébalo. Párate a observarlo. Es sorprendente.

«Nadie que confía en sí, envidia la virtud del otro».

Cicerón

La persona egocéntrica necesita atraer la atención, la requiere constantemente y se convierte para ella en una necesidad. Todo vale, ya que estos individuos buscan satisfacer sus emociones, que les «doren la píldora», que les halaguen sin cesar para sentirse importantes, a la vez que

ellos siguen menospreciando a los demás. Necesitan ser el centro de atención en todo momento. Estos sujetos buscan sin ningún freno nuevos y variados estímulos que satisfagan sus deseos y aspiraciones. Tienen sed de nuevas vivencias, de nuevos ambientes, de nuevos contextos. Por eso, la dependencia de estos estados les provoca llanto y sufrimiento. Llegan a padecer una emocionalidad exagerada de catarsis, enfados desmedidos, siempre quieren más, sin sentirte satisfechos nunca. Estas personas transmiten una evidente inseguridad, y en casos extremos, pueden convertirse en déspotas, en dictadores, en manipuladores, acometiendo decisiones dudosas, erróneas, peligrosas e imprudentes.

A la hora de tomar una decisión, es posible que te surjan dudas y estés tentado a cambiarla. Lo entiendo y me parece lógico, pues es de sabios rectificar, pero tienes que procurar que cuando tomes una decisión, previamente reflexionada y meditada, la lleves a cabo hasta el final ateniéndote a las consecuencias. Por eso, es aconsejable que antes de adoptar esa decisión, tengas una alternativa, «un plan b»* para que, en caso de ser para ti perjudicial, puedas seguir con tus convicciones y metas. Si es una decisión incorrecta y ya no hay manera de modificarla, aprenderás de ella.

Nota: Este es el principio de seguridad en sí mismo.

«Asume una virtud si no la tienes».

William Shakespeare

*Otras opciones: tener un plan b, c, d, etc., por si acaso el plan a no funciona. Es un plan alternativo.

Es relevante que aprendas a identificar tu rostro egocéntrico y vayas tomando conciencia de estas respuestas inconscientes y automáticas que te dominan para corregir esas desviaciones negativas.

Muchas veces después de haber realizado un gran trabajo, obtenido una victoria o bien la consecución de un objetivo, lógicamente te sientes mejor. Notas cómo crece dentro de ti una sensación inmensa. Es bueno que esto te ocurra y constituye un estímulo para tu motivación, para tu estado anímico, tu autoestima.

Gracias a la Profemocionalidad, esas victorias serán constantes y te invadirá un estado de grandeza, de haber realizado logros sobrehumanos. Esto a tu *ego* le encanta. Repito: humildad.

Tu trabajo ha sido realizado de manera óptima, con esmero, y has alcanzado el estado deseado. Es tu evolución, amigo. *C' est la vie!* Evolucionar, crecer, mejorar, madurar, son principios vitales que forman parte del ciclo de la vida. Tan sencillo como esto. Es el curso de la vida misma.

«La humildad es la antecámara de todas las perfecciones».

Marcel Aymé

Ejercicio práctico: La escritura.

Escribir representa un muy buen método para conocerte y saber quién eres realmente. Es una deliciosa terapia aconsejada por los profesionales de la mente, y constituye un hábito saludable y de gran ayuda psicológica.

Mediante la adquisición de un diario y de tus posteriores anotaciones, escribir te permitirá liberarte y plasmar tus impresiones, tus sensaciones y, por supuesto, tu estado anímico. Cualquier lugar, cualquier momento serán buenos para escribir. Durante una pausa en tu trabajo, en casa, en el autobús. Se podría hacer referencia a la película *El diario de Britney Jones.* Este diario será tuyo, íntimo, y en él escribirás cuando te apetezca, todo aquello que te venga a la mente, sin importar los sinsentidos, el estilo, la forma, cómo redactes, las faltas de ortografía, la gramática o el vocabulario empleado. Simplemente escribe. Todo será bueno. Será tu manuscrito. Con esta extraordinaria herramienta, te liberarás de las tensiones, de las emociones, expresándolas tal y como las percibas, tal y como te sientas. No importa si estás bien, si estas mal. Nadie te juzgará, te faltará el respeto ni te humillará. Así como el ejercicio respiratorio antes visto en el capítulo de la relajación, esta conducta te ayudará a aunar tu cuerpo y tu mente.

La escritura es una actividad psicomotora de coordinación que ayuda a tender un puente entre la mente consciente y la mente inconsciente, e integrarla. Con este hábito, notarás con el tiempo, que la persona que escribe en este diario es tu yo más profundo, como si te vieras frente a un espejo. Tus palabras describirán cómo eres.

Mediante la forma, el estilo de tu escritura y de la letra, expresarás tus miedos, tus angustias, tus preocupaciones, tus ambiciones, a la vez que te reconfortará personalmente. Te conocerás a ti mismo, a tu yo más íntimo, tu esencia, al desnudo, sin manipulaciones, ni dobleces, ni malas interpretaciones, ni engaños a ti mismo. Con el paso de los meses, la curiosidad te hará volver a tus anotaciones y releerlas. Comprobarás entonces por ti mismo tu propia evolución y tomarás conciencia de quién eres. Básicamente, habrás realizado un balance de ti.

«La mano que escribió una página, construyó una ciudad».Herbert Marshall McLuhan

Ejercicio práctico: El teatro.

La práctica del teatro es otro método aconsejable y apremiante para conocerte a ti mismo que te permitirá conocer tus límites, tu yo, para así conectar con tu ser más profundo a través de la interpretación.

Ejercicio práctico: Las preguntas.

El formularte preguntas sobre ti mismo es de sumo beneficio para conocerte tal como eres. Tómate un respiro. ¿Preparado?

Dime, ¿te has parado una sola vez a ver lo que está ocurriendo dentro de ti?, ¿qué te está pasando?, ¿cómo te encuentras?, ¿cómo te sientes ahora?

Esta vez vas a aprender a responder a este tipo de preguntas desconectando tu parte mental. Estrambótico ¿verdad? Bienvenido, querido lector, al capítulo en el que conocerás tu primer poder: El poder de sentir... La naturaleza nos ha procurado un cuerpo, unas sensaciones y unas emociones. ¿Por qué no utilizarlas? Estas nos conducirán a experimentar elementos realmente extraordinarios. Aprendamos a sentir.

- <u>Primer Poder</u>: **Conciencia**: El poder de sentir.

Antes de comenzar, me parece oportuno dar la definición de esta palabra, según la Real Academia de la Lengua Española.

Sentir: Experimentar sensaciones producidas por causas externas o internas.

Quisiera avisarte de que este tema es sumamente importante, que se escapa a la ciencia, y está considerado como un tema espiritual, perteneciente a la metafísica.

El sentir, así como la intuición (el sexto sentido), sigue siendo meramente un concepto teórico, a veces censurado y siempre presente en el ser humano. Tú también puedes experimentar este poder si sabes cómo. ¿Inteligencia emocional? El conocimiento de esta capacidad, particularmente en tu entorno profesional, será de gran utilidad para los hombres. Un gran porcentaje del género femenino ha sabido desarrollar esta cualidad suprema.

Créeme, es extraordinario ser capaz de sentir; las palabras sobran, incluso los gestos corporales. Por ejemplo, solo con la mirada de tu papá, de tu mamá o bien de tu compañero sentimental, sabes cuál es su estado y lo que te quiere transmitir. Es percepción en estado puro. Imagínate cómo

sería tu vida diaria sintiendo a las personas al ver su rostro, su cuerpo, en su entonación cuando hablan… y poder averiguar su estado de ánimo, sus miedos, sus emociones, sus necesidades del momento, etc., para así ayudarles con tu producto o servicio. Incluso, de una manera más incondicional, aportarles apoyo y serenidad.

«La sabiduría consiste en saber cuál es el siguiente paso; la virtud, en llevarla a cabo». David Jordán.

Es bien sabido que el género masculino es más racional. Casi en el cien por cien de los casos, el hombre utiliza la parte izquierda del cerebro y la mujer el hemisferio derecho. El sentir y la intuición no tienen explicación pero están siempre presentes. Aprenderás en este libro a unificar, desarrollar eficientemente estas dos partes para que trabajen en sintonía y a la vez alcanzar el equilibrio y tener buenos resultados. Por lo cual, es esencial aprender el arte de sentir.

«Intenta no volverte un hombre de éxito, sino volverte un hombre de valor». Albert Einstein

El sentir a las personas te ayudará a comunicarte con más empatía, a ponerte en sintonía con tu interlocutor. Te permitirá desplegar un estado óptimo para una asertividad comunicativa, junto a una natural simbiosis de comunicación verbal y no verbal. Conscientemente, conseguirás ponerte al mismo nivel que tu sujeto, manteniendo la misma respiración, la similitud en los gestos, en las posturas y generarás la debida empatía. Sintonía, amigo lector. Retomarás esta referencia más adelante en el arte de la

oratoria de Horacio en el quinto poder, que es el de la comunicación y su efectividad.

Es este estado premiará la lucidez a la hora de averiguar lo que te pasa primeramente en tu interior para descubrir lo que ocurre en tu entorno. Como viste mencionado brevemente en el capítulo de la relajación, es muy importante el control mental de los pensamientos. El sentir te ayudará a examinar los motivos que engendran esas avalanchas y erradicarlas con el siguiente poder: el del *Carpe Diem.*

Ejercicio práctico:

Párate un instante. **Sí. Ahora mismo**. Hazte esta sencillísima pregunta: ¿cómo me siento **en este preciso instante**? O bien, ¿cómo está mi cuerpo en este momento? ¿Qué me está pasando ya?

En esta ejecución consciente de tu mente, mientras te paras de forma voluntaria a pensar, te sucederán hechos relacionados con tu ser, de los que sacarás tus conclusiones. Ahí está la clave de este adiestramiento.

Después de haberte realizado una de estas preguntas, presta máxima atención a cómo reaccionan tus entrañas, tu estómago. Adéntrate dentro de él. Es decir, debes apagar tu cerebro, así como tus pensamientos. Desconecta voluntariamente el uso de tu cabeza para escuchar las señales provenientes de tu cuerpo.

Nota: es importante que tienes que hacer un *switch off* de tu mente. Apagarla, metafóricamente hablando. Sí. Estás vivo por dentro.

Es recomendable que al comienzo de este ejercicio, tu concentración esté activada cuando estés relajado. ¿Qué sensación te provoca? ¿Qué te transmite? ¿Cómo te sientes? ¿Estás inquieto? ¿Sientes serenidad o te sientes intranquilo? ¿Te preocupa algo? ¿Estás nervioso?

Ahora dime, ¿cómo está reaccionando, cómo se manifiesta en este instante tu cuerpo a raíz de estas preguntas y respuestas?

Como es lógico, las señales que te mande el cuerpo te permitirán desvelar tu estado interno. Tan sencillo como esto. El cuerpo se manifestará en toda su grandeza y esplendor. Amigo mío, lo que se pone de manifiesto es tu alma, lo más profundo de tu ser.

Estimado lector, ¿qué sucede dentro de ti cuando escuchas tu canción favorita? Seguramente experimentes placer y alegría, ¿verdad? Comprobarás que tu cuerpo reacciona de forma instintiva al encarar las situaciones delicadas desde una perspectiva positiva. Por el contrario, si los estímulos que recibes son negativos, tu reacción será hostil.

Con el tiempo, aprenderás a pararte de manera instintiva tal como lo hiciste con la relajación y respiración, pero esta vez, para evaluarte. Con este proceder, sabrás tomar conciencia de tu estado interno en cualquier momento y situación del día. Así, cuando notes que algo te incomoda, como la angustia o el miedo, y no sepas la causa de estos malestares, te concentrarás en tu cuerpo. Él es sabio y mediante sus señales, te ayudará a interpretarlos y y poner remedio.

Te invito a que lo pruebes una vez y otra vez, incluso de manera tozuda, hasta que un día despierte dentro de ti ese poder y puedas sentir.

«La perseverancia es la virtud por la cual todas las otras virtudes dan su fruto». Arturo Graf

<u>**Recomendación:**</u> En primer lugar, antes de querer sentir lo que te rodea, es decir, a la gente e incluso a tus clientes potenciales, deberás aprender a sentir tu estado interior. Este reacciona por la relación causa-efecto. El cuerpo, en función de los estímulos y de la naturaleza de los pensamientos recibidos, reaccionará mediante gestos, posturas, entonaciones... Averígualo. Puede ser divertido ya que, de manera voluntaria, podrás jugar con él, provocándole a conciencia estados anímicos que quieras experimentar. Por ejemplo, ¿cómo reacciona mi cuerpo cuando estoy nervioso?, ¿me da por comer?, ¿o por rascarme los brazos ante una amenaza?, ¿qué siento y qué hago al respecto cuando estoy enojado?, ¿qué postura adopto cuando me siento feliz?

«Las sensaciones no son parte de ningún conocimiento, bueno o malo, superior o inferior. Son, más bien, provocaciones incitantes, ocasiones para un acto de indagación que ha de terminar en conocimiento».

<u>John Dewey</u>

Hay otra parte del cuerpo que se manifiesta y que está relacionada estrechamente con el poder de sentir, de tu estómago, de tus entrañas. Esta parte es tu corazón.

Este también te habla, estimado lector, y te ayudará a tomar decisiones existenciales. Por desgracia, muy pocas veces eres consciente de ello. Por algún motivo la madre naturaleza te ha provisto de ese músculo tan sabio e inteligente. ¿No crees?

«Lo que hoy siente tu corazón, mañana lo entenderá tu cabeza».

<u>Anónimo</u>

La clave de este ejercicio que te presento ahora es la de aprender a escuchar lo que dice tu corazón. Para ello, lo compararé, a modo de metáfora, con una tormenta.

Ejercicio práctico:

Imagínate la dinámica que tiene un rayo; después de unos segundos, se oye el trueno. Pues ese lapsus de tiempo que separa el rayo del trueno, cuando todo parece estancarse, esos precisos y valiosos segundos son el momento en que te habla este prodigioso músculo. Ahí está el secreto de conectar con tu corazón. Como comprenderás, no hay rayos ni truenos a diario, pero el ejercicio que te propongo para tomar conciencia de este secreto, es el de usar tu respiración.

Para ello, después de inhalar oxígeno, realizarás una retención voluntaria de esa respiración; unos segundos serán necesarios, para así, antes de soltar el aire, escuchar la señal de tu corazón y después dar paso a la exhalación. En esa retención es cuando percibirás los latidos de tu corazón. Esos instantes de detención entre la inhalación y la exhalación, es cuando aparecerá un punto muerto. Ahí está la clave de este ejercicio. El número de segundos necesarios variarán en función de tu capacidad respiratoria, del tiempo que la puedas retener y de tu debida concentración. Quizá a ti, tres o cuatro segundos te sean suficientes; para otros serán necesarios diez o quince, e incluso más. Será en este *stand by* cuando tu corazón te hable mediante señales.

«La razón puede advertirnos sobre lo que conviene evitar; sólo el corazón nos dice lo que es preciso hacer».

Joseph Joubert

Aprende a escuchar cómo te late el corazón, la fuerza con la que palpita, la intensidad y el ritmo que posee. Puedes emplear un número indefinido de ciclos respiratorios que creas oportuno, para que alcances la finalidad de este ejercicio: notar tu corazón. Cuando aprendas a percibirlo, este te transmitirá serenidad, alivio y autenticidad. En momentos de profunda desesperación, cuando te sientas entre la espada y la pared, estés apurado o te sientas preso del pánico, tu corazón te aportará consuelo dándote las respuestas que necesitas saber. Este te guiará, te aconsejará sabiamente a la hora de tomar delicadas decisiones y cuando tengas dudas existenciales. Intervendrán otros aspectos en esas decisiones, como la razón, el conocimiento, la pragmática, de los que también deberás ser consciente y escuchar al que creas más apropiado según tus creencias. De ahí que, para ciertos asuntos, deberás ser cuidadoso. Como sabemos el sentimiento de amor es ciego y uno se deja guiar exclusivamente por este. En esta situación, deberás entrar en razón para equilibrar tus emociones y decisiones. Recuerda que es un poderoso instrumento pero también tienes que tener en cuenta el equilibrio y el control emocional.

« ¿Por qué buscáis la felicidad, oh, mortales, fuera de vosotros mismos?».
Boecio

Fíjate también en la emoción que estás experimentando; en el momento en que te pares, verás cómo se va alterando tu sistema, cómo va cambiando tu ritmo cardiaco, el pulso de tu corazón y cómo van variando estos latidos en función de tus pensamientos. Dime, ¿cómo está latiendo ahora tu corazón? Compara la intensidad de este, cuando estás tranquilo y cuando tienes miedo, o cuando estás relajado y cuando te anuncian una mala noticia. Lo comprobarás por tus propios latidos.

Con la práctica, notarás cómo varía este latir en función de tus pensamientos, de tus emociones y así podrás asegurar tus decisiones para que sean acertadas en todos los aspectos de tu vida. **Atrévete a sentir. Ahora.** Utiliza tu imaginación, no para asustarte, sino para inspirarte y lograr lo inimaginable.

- Segundo Poder: **Carpe Diem proactivo.** Hacer hoy para mañana.

Aquí está otra pieza fundamental del puzle de tu nueva vida. Con el hábito adquirido ya en el capítulo anterior, ahora vas a entrar en una dinámica existencial: la de vivir este mismo instante. Este apartado transcendental va a estar dividido en tres partes graduales, con sus correspondientes ejercicios prácticos:

1ª. En primera instancia, complementarás el poder de sentir con este segundo poder del *Carpe Diem* para percibir los estados encauzados por el tiempo pasado y futuro en tu primer ejercicio práctico.

2ª. En segunda instancia, mediante las tres palabras mágicas de sanación, lograrás curar tu pasado, formar de manera adecuada tu futuro a través del segundo ejercicio práctico.

3ª. En tercera instancia, te centrarás en la manera de erradicar desde la raíz esos pensamientos que te hacen oscilar entre el pasado y el futuro para que puedas vivir en el presente. Hallarás tu tercer ejercicio práctico.

- 1ª. Dime, estimado compañero, ¿serías capaz de vivir este momento? Pensarás que es una pregunta tonta, ¿verdad? ¿Me podrías decir lo que significa vivir en el **presente**?

Se podría resumir este concepto en una sola frase: para vivir y experimentar la vida hay que dirigir tu mente al momento presente, al que acontece ahora.

Las teorías de Freud y sus numerosos estudios y descubrimientos, le hicieron concluir que el pasado es tu identidad. Tus vivencias, tus experiencias, te han llevado a ser lo que eres hoy. Tiene sentido y lógica, ¿verdad?

Intenta realizar esta experiencia en este acto. Pruébalo. Esta comprobación podría suponerte un verdadero reto.

<u>Ejercicio práctico:</u>

Según vas leyendo estas palabras párate unos segundos. Sí. En este preciso instante. Dime, ¿cómo te sientes al recordar tu pasado? ¿Qué reacciones te provoca remontarte en el tiempo? ¿Qué ocurre en tu fuero interno al imaginar tu porvenir?

Pensarás que es parte de lo mismo que vimos en el apartado anterior. Y sí, tienes razón, pero esta vez, la acción va a derivar en la toma de conciencia del momento presente partiendo de la base de la enseñanza de sentir, a raíz del espacio y del tiempo.

Todo lo que eres a día de hoy, se lo debes a los elementos esenciales de tu manera de ser, de tu naturaleza, de tus hábitos, de tu carácter, de tus

creencias, edificados a lo largo de tu pasado. Tu personalidad ha ido forjándose a raíz de tus traumas, de tus alegrías, de las sensaciones vividas. Probablemente, alguna de estas situaciones te siga paralizando hoy en día. Estos elementos son los desencadenantes de tus anhelos, de tus metas y sueños de futuro. Tienes motivos suficientes para ir a su encuentro mediante la imaginación, que hace el tiempo que está por venir más esperanzador, liviano, dichoso, feliz y mejor que el presente.

«No perdamos nada del pasado. Sólo con el pasado se forma el porvenir».

Anatole France

- 2ª. Me preguntarás qué tiene que ver el hecho de analizar tu vida desde tu nacimiento con el **presente** y tu profesión.

Resulta que todo lo que te ha ocurrido, sigue latente en ti, repercute de manera directa en tu día a día. Ejerce influencia en el grado, en tu calidad existencial, en tu actitud frente a la vida, y también en los resultados de tu trabajo. No querer recordar tu pasado, es la causa directa de los malestares que padeces en la actualidad. Estos te producen bloqueos emocionales que te limitan y te hacen incapaz de sanarlos de un modo adecuado.

La primera práctica para ser dueño de este poder reside en rememorar esas experiencias y afrontarlas. Se requiere una investigación propicia, un diagnóstico y un tratamiento para tomar cartas en el asunto y aliviar tu bagaje personal.

«Deberíamos usar el pasado como trampolín y no como sofá». Harold *MacMillan*

El ejercicio que corresponde a este apartado te servirá para remover voluntariamente el agua turbia que te concierne, para averiguar lo que te limita a día de **hoy.** Te permitirá tener conciencia de los frenos para construir tu futuro. Sanarás las heridas del pasado, te liberarás y lograrás cumplir tus objetivos. Este es el principio de la madurez, estimado lector. Permíteme un leve inciso sobre este estado que tanto aterra. En mi opinión es una banalidad y constituye una creencia errónea. Dime una cosa, ¿la madurez tiene edad?, ¿por qué a un adolescente podría serle imposible ser maduro, mentalmente hablando?, ¿se podrían inculcar desde temprana edad estos conocimientos que te expongo?, ¿sería desproporcionada la idea de alcanzar la madurez mental a los dieciocho años?

«La madurez del hombre es haber vuelto a encontrar la seriedad con la que jugaba cuando era niño». Friedrich Nietzsche

¿Serías capaz de tomar la decisión ahora de empezar a envejecer espiritualmente en tu edad actual? Amigo lector, ¿tiene edad el ser virtuoso?, ¿o llega cuando se alcanzan unos determinados años?, ¿sería una utopía por mi parte lo que te estoy proponiendo? Estas respuestas, ¿acaso están escritas en algún libro? ¿Sería una quimera adquirir la madurez en la adolescencia?

Por suerte, eso depende de ti hoy. Atrévete a romper con esta creencia, con estas generalizaciones y a vivir la vida que deseas.

«La juventud es el momento de estudiar la sabiduría; la vejez, el de practicarla». Jean Jacques Rousseau

Nota: Antes de empezar con este nuevo poder, quisiera dejar bien claro que es necesario acudir a un profesional mental en el caso de que sufras síntomas, dolencias, y males psicológicos profundos relacionados con tu pasado. Desconozco tu bagaje psicológico y tu grado de padecimiento pero encontrarás una técnica magnífica en el siguiente ejercicio que te permitirá superar dolencias y avanzar así en tu sanación. Deberás calibrar tu estado actual y tu disposición para sanar; el límite lo determinarás tú. En caso contrario, estos profesionales de la mente también te serán de ayuda para llevar a cabo la tarea de la Profemocionalidad.

<u>El pasado:</u>

Cada uno lo lleva a cuestas en su mochila, sea bueno o malo, y este es personal, propio e inalterable.

Lo primero que debes hacer es **aceptarlo** tal como ha sido, **perdonarlo** para así **sanarlo.** Estas son las tres palabras mágicas que te quiero inculcar. El pasado es tu identidad. Lo has creado, lo has vivido a tu manera y se ha fundamentado a lo largo del tiempo, a través de tu educación, de tus padres, de tus amistades, de la sociedad. Recuerda que todo lo que te haya pasado es de gran utilidad como aprendizaje y te será también de gran ayuda, entre otras cosas, para ser feliz en tu profesión. Amigo mío, esta es una verdad universal.

Con esta disposición mental, encontrarás la actitud para sobrevivir así como para afrontar tu pasado y **superarlo**, trabajarlo y encaminarte hacia la **sanación**. Sí. Hay una luz al fondo. El pasado está ahí. Está hecho y es intransferible e irremediable.

«No perdamos nada del pasado. Sólo con el pasado se forma el porvenir».

Estas tres palabras son la piedra angular de la liberación de tu cárcel emocional. Tienes que aprender a **aceptar** tu pasado tal como es, tal como ha sido. Debes **sanarlo**, es decir, curarlo desde la raíz. Son tan diversos los métodos que sirven de tapadera para las heridas... Las adicciones, la inmadurez, los antidepresivos, son placebos que causan las enfermedades mentales más típicas de nuestro siglo infeliz y doloroso.

Para ello, es fundamental eximirse de todo lo malo que te haya ocurrido en estos años, recordando tus acciones propias o las que te hicieron sufrir terceras personas. Estas vivencias se han ido instalando de manera inconsciente en tu cerebro. Esas emociones, de una manera u otra, te han hecho estremecer, y las has expresado en forma de sorpresa, alegría, miedo, ira o tristeza. En consecuencia, estas te han llevado a experimentar sentimientos de inseguridad, de pavor, de envidia, de irritación, de frustración, de amor, de humildad, de felicidad, etc., acordes con tus experiencias vividas. El grado de afectación será determinante para tu diagnóstico, así como el perdón y tu posterior trabajo.

ACEPTAR - PERDONAR - SANAR.

Estas son las tres palabras con las que contarás para hacer frente a tu pasado.

-Tu trabajo va a consistir, a la vez que compaginas este ejercicio con la vida cotidiana, en realizar una introspección interna para recordar tus posibles vivencias negras, aquellos momentos delicados, que con bastante probabilidad, en algún momento, te hayan podido debilitar emocionalmente. Uno de los mejores consejos que te puedo dar es la de preguntar a las personas que más te conozcan, las que te han visto crecer y que saben de tu pasado: tu familia, tus amigos, tus conocidos, tus vecinos... La premisa es averiguar, curiosear y obtener las respuestas apropiadas a las preguntas que creas que son importantes. Estas personas te serán de gran ayuda a la hora de remontar en el tiempo, revivir esas situaciones personales con los cinco sentidos de la manera más precisa posible.

- Después de esta recopilación informativa, darás paso al uso de estas tres palabras mágicas. Recuerda que cuanto más precisa sea esta información mejor será tu reconstitución emocional y la calidad de tu **sanación. Aceptarás** el pasado tal como sucedió para así **perdonarlo, perdonarte** a ti mismo la manera en que fuiste en esas épocas de tu vida, y **sanarte.**

Me preguntarás cómo lograrás sanarte. Pues será muy fácil, aunque esta afirmación pueda parecerte surrealista. Una vez realizado ese trabajo interior mediante las dos primeras palabras, la tercera, es decir, la **sanación,** llegará por sí sola, de manera natural, instintiva, e irán encajando las piezas de tu puzle personal.

Estimado lector, es tu deber descubrir de forma consciente, lo que arrastras, lo que te induce al desasosiego, liberándote de tus acciones tanto verbales como no verbales. Estas regresiones te permitirán aprender, cuestionar tus creencias e ir aligerando tu mochila. De modo voluntario te servirás de tu pasado para construir tu futuro positivamente. Ahí está la clave del éxito de este poder. **Acepta** tu pasado tal y como ha sido, **perdónalo** por haber sido así y **sánalo** de tal manera que tu bagaje emocional esté repleto solo de buenas cosas.

«Soy una parte de todo aquello que he encontrado en mi camino».

Alfred Tennyson

El futuro:

¿Acaso me podrías decir lo que va a pasar mañana? ¿Dentro de una semana? ¿De un mes?

El futuro es incierto. Pero pensar en el futuro con la ayuda de la imaginación, te permitirá programar un porvenir mejor que tu situación actual, donde las responsabilidades de tu hogar, las preocupaciones por tus ventas, el miedo a un inminente despido, la posibilidad de perder un cliente, la incertidumbre del cierre de un contrato, están latentes. De estas amenazas intentarás protegerte en ocasiones posteriores. De ahí que esperes esos cambios en tu futuro, imaginando tu bienestar y nueva vida con tus bienes materiales, los inmateriales, el abandono de hábitos insanos... ¿Te das cuenta de que estos sucesos pueden realmente darse y ocurrir? ¿Está escrito? *Maktub?* ¿Sabes tu destino? ¿Sabes con exactitud lo que te va a pasar mañana? Amigo mío, te estás perdiendo el ahora.

William Allen White

Como verás más adelante en el apartado dedicado al poder de la visión, aprenderás a utilizar a tu favor este concepto del tiempo futuro para edificarlo de tal manera y conseguir tus sueños a corto, medio y largo plazo. El futuro no es predecible pero sí podemos fomentar el cambio en el rumbo de nuestro destino hoy.

Por mi parte, tuve que proceder al uso de estas tres palabras mágicas para sanar la delicada relación con mi papá y aceptarlo tal como ha sido y tal y como es. Obsesiones, inquietudes, la insatisfacción, la depresión, la ira, el odio, me azotaron durante largos años por causa de esta relación, en el plano personal y profesional.

Mediante la elección de madurar de forma voluntaria, me conciencié del problema evidente con mi progenitor y mi forma de ser. Inicié este mismo patrón de sanación. Con la obtención debida de la información gracias a mis familiares más cercanos, con mi posterior recreación, procedí a la liberación emocional. En aquella época mi imaginación, mis sueños, mi inconformismo, mi naturaleza inquieta, mi carácter soñador se enfrentaba de manera violenta a las reprimendas bien merecidas de mi papá. Chocábamos por nuestras diferencias; su carácter realista, paternal y protector se enfrentaba a mi rebeldía. Logré **aceptarle** con humildad tal

como era, con sus defectos, con sus buenas actitudes y aptitudes, reconociendo su misión y mi infecunda actitud frente a la vida. Me **perdoné** esa etapa vivida, le **perdoné** también a él y comprendí sus responsabilidades como padre, un empresario que velaba por una familia de cuatro hermanos, con todo lo que suponía.

Hoy en día puedo decir que he superado ese trauma infantil. Incluso me atrevo a decir que me encanta la música que mi papá solía escuchar y que yo odiaba tanto. **Sané,** estimado compañero.

A raíz de esta liberación, apareció en mi vida una palabra que me iba a cambiar para siempre: la proactividad. Me parece oportuno hacer hincapié en este término tan sabio y con tanto significado. Voy a aprovechar para darte la definición a continuación. Permíteme que la copie de la página de Wikipedia. Para tu información, esta palabra no está aceptada por la Real Academia Española.

«La **Proactividad** es una actitud en la que un sujeto u organización asume el pleno control de su conducta de modo activo, lo que implica la toma de iniciativa en el desarrollo de acciones creativas y audaces para generar mejoras, haciendo prevalecer la libertad de elección sobre las circunstancias del contexto. La proactividad no significa sólo tomar la iniciativa, sino asumir la responsabilidad de hacer que las cosas sucedan; decidir en cada momento lo que queremos hacer y cómo lo vamos a hacer».

Stephen R. Covey. Admirable este señor

<u>El positivismo:</u> El Yin y el Yang.

Todo es aprendizaje, amigo mío. El arte de pensar positivamente junto a la filosofía china del yin y el yang. Dentro de lo bueno, siempre hay algo malo y, dentro de lo malo, siempre hay algo bueno. Es primordial ser consciente de esta realidad para tenerla en cuenta en tu vida. Aunque todo te vaya bien, siempre habrá algo negativo que será el detonante para mejorar constantemente. Tal como piensas, la manera en que afrontes la vida, la calidad de tus estados anímicos repercutirá en tu disposición. Atraemos lo que transmitimos.

Voy a aprovechar para hacer un pequeño inciso. Para muchos, la creencia «piensa mal y acertarás» es universal. A mi juicio, es totalmente equivocada y contraproducente para tus intereses. Es importante la calidad que deben tener tus peticiones al realizarlas. Es elemental que tus requerimientos se transmitan de manera positiva. La palabra «NO» deberá estar prohibida. Al utilizarla, tu atención se focaliza en la acción de la negativa. Por esto es probable que atraigas de manera involuntaria lo contrario a tus fines.

Te pongo un ejemplo con esta frase: «No quiero que me traten mal». Para expresarla de forma idónea y del modo más acertado posible, tu demanda deberá manifestarse en positivo cambiándola por esta otra: «Quiero que me traten bien». Créeme, la retribución a la hora de demandarlas dependerá en gran parte del factor formal con el que expreses tu petición.

Aquí te dejo otros ejemplos:

- No me gustaría que me subestimaran. / Quiero que me valoren.

- No quiero sufrir. / Quiero disfrutar.

- No quiero estresarme. / Quiero relajarme.

- No quiero discutir. / Quiero dialogar.

- No quiero atarme. / Quiero ser libre.

- No quiero perder ese contrato. / Quiero llegar a un acuerdo.

«La vida tiene su lado sombrío y su lado brillante; de nosotros depende elegir el que más nos plazca». Samuel Smiles

- 3ª. Dime una cosa. ¿Nunca has sentido miedo? ¿No te has atrevido a realizar un acto, un comentario por pavor a lo desconocido, a la repercusión de tus actos o miedo a las posibles reprimendas?

Este miedo puede adoptar diversas formas: desazón, preocupación, ansiedad, nervios, tensión, temor, fobia... Esta alarma siempre se refiere a algo que podría ocurrir, no a algo que ya está ocurriendo. Recuérdalo. **Tú estás en el aquí y en este preciso instante, mientras que tu mente está divagando entre el pasado y el futuro.**

Me preguntarás cómo hacer para prevenir el contagio de esos pensamientos incesantes. Estos, estimado amigo, como lo viste anteriormente, aparecen de forma inconsciente, de manera repentina. Se repiten y, controlados por tu mente, toman el mando sobre tu vida. En función de la naturaleza de tus pensamientos, estos influirán directamente en tu estado interno. Cuando estos sean negativos, deberás ser aún más consciente de ellos y poner en práctica el siguiente ejercicio que te propongo.

Ejercicio metafórico práctico:

Cuando escuches esa voz, veas ese pensamiento que pasa por tu mente, toma conciencia de este, y hazlo de manera imparcial. Es decir, no juzgues ni condenes lo que oyes y piensas. Sencillamente, déjalo pasar. Sé testigo de él. NO «vivas» con él.

Al fin, amigo mío, ya tienes control sobre tu mente.

Imagínate esta situación:

Concéntrate durante unos segundos, después de algunas respiraciones, en un pensamiento que te pase por la cabeza o que hayas provocado tú mismo a conciencia en este momento. ¿Es bueno? ¿Es malo? ¿Cuánto tiempo le voy a dedicar mi plena atención? ¿De qué me sirve? ¿Es útil? Otra forma de decirlo: ¿qué siento? ¿qué me transmite al concentrarme en él?

Siente lo que te transmite ese pensamiento. Por favor, hazlo. Como podrás comprobar, este ejercicio guarda una estrecha relación con el

poder de sentir, que viste anteriormente. La diferencia radica en que en este ejercicio sencillamente dejas pasar los pensamientos que aparecen por tu mente.

Una vez realizado, será tu decisión dedicarles el tiempo que quieras.

Nota: El pensamiento puede ser de todo tipo. Lo recomendable sería centrarse en los buenos pensamientos y dedicar el menos tiempo posible a los negativos.

«Somos lo que pensamos».

Albert Einstein

Ten por seguro que esta conducta de enfoque en tus pensamientos, resta calidad en la atención, en la concentración, en tu vitalidad, tan necesaria para estar al cien por cien todos los días. Imagínate que estos son de carácter negativo, repetitivos y conllevan un empeoramiento de tu estado interno, castigándote con fuerza y dando lugar al padecimiento de obsesiones y estados neuróticos.

«Al luchar contra la angustia uno nunca produce serenidad; la lucha contra la angustia sólo produce nuevas formas de angustia».

Simone Weil

Estimado compañero, no he inventado nada, ni estoy reivindicando méritos propios. Simplemente, me he inspirado en grandes hombres y mujeres, de los que he aprendido su sabiduría, la he puesto en práctica y la he compartido contigo en este libro, para que seas tú también feliz. De ahí, la creación de esta primera escuela sobre la felicidad empresarial.

*__Advertencia:__ La mente puede ser provechosa o convertirse en tu peor pesadilla. Sé consciente de esta realidad. Adquirir este poder te dará muchos quebraderos de cabeza, ya que es un agudo aprendizaje adiestrar tu mente de manera correcta y convertirla en una poderosa aliada. Créeme, ciertos pensamientos volverán a ti una y otra vez, más si son una obsesión, una preocupación o una dolencia, y te harán dudar de estas enseñanzas. Estarás expuesto a continuos retos a ti mismo. Tu mente estará engañándote de forma continua para volver al pasado y empujarte hacia el futuro. De ahí la extrema importancia de los capítulos mencionados con anterioridad que hacen referencia a tu preparación mental, tu voluntad, tu motivación y tu afán de superación personal.

De hecho, constatarás que los principios que te estoy exponiendo en esta guía son radicalmente opuestos a las prácticas, a las formas de pensar y de actuar más habituales de la cultura popular. Recuerda, estimado lector, que este manual conlleva un proceso lento, natural, hasta la realización y el encuentro de la felicidad que te mereces.

«Yo no me encuentro a mí mismo cuando más me busco. Me encuentro por sorpresa cuando menos lo espero».

- <u>Tercer Poder.</u> **Agradecimientos:** Dar las gracias.

Aunque te pueda parecer banal e insignificante este poder, así como la pregunta de si te gustaría levantarte con una buena cara cada mañana, estimado lector, esta apreciación esconde un significado realmente asombroso. ¿Serías capaz de adoptar el hábito de mirarte al espejo y sacar una linda sonrisa al despertarte? Este es el poder tan extraordinario que te brindará el sentirte agradecido.

Dando las gracias con asiduidad, estarás, metafóricamente hablando, invocando de modo voluntario al universo, para que juegue de tu parte. Créeme, hay tantos motivos para estar agradecido. Eres una persona realmente afortunada, ¿lo sabías? Aunque te resulte imposible aceptarlo esta realidad existe. Aunque hubieras preferido tener más dinero, más belleza, ser actor, siempre habrá algo por lo que dar las gracias. Por tener **un lugar donde dormir**, por tener **ropa para vestirte**, por **haber desayunado**, por tener **agua caliente en la ducha, por comer al mediodía**, por tener **buenas amistades**, por tener **buena salud**, por **las personas que te rodean** y **te quieren**, por **tener buenos compañeros**. Realmente, ¿no hay algo en ti, aunque sea mínimo, por lo que puedas sentirte agradecido? Reflexiónalo.

Estos agradecimientos te serán de gran apoyo moral cuando las cosas te vayan mal, cuando la situación te resulte complicada, angustiosa,

dificultándote seguir subiendo los escalones de tu vida. Aunque vivas el peor día de tu existencia, te aparezcan dudas existenciales, te encuentres en una etapa de bajo rendimiento personal y profesional, aprende a dar las gracias. Por algo pasan las cosas. **Aprender a dar las gracias por vivir.** Incluso cuando te sientas bien, entusiasmado, cuando percibas que estás en el buen camino, cuando tengas buenos resultados y vayas cumpliendo tus metas. Da gracias a la vida cuando presientas que vas ascendiendo en todos los aspectos, gracias por tu fuerza interna, gracias por tus nuevas aptitudes, por las que estás trabajando con este libro y por las que ya tenías previamente. Date las gracias por **tener la debida voluntad,** que te está llevando a experimentar una plena satisfacción mientras palpas los estados que te producen la superación personal. Dame las gracias a mí y a la gente que te rodea. **«¡Gracias Franck, por enseñarme cómo ser mejor!»**

«La suerte favorece sólo a la mente preparada».

Isaac *Asimov*

Ejercicio práctico:

Cuando atravieses una etapa de tu vida minada por el desánimo, la desesperación, el abatimiento, la frustración y cuando percibas que las cosas no pueden ir a peor, adopta el hábito de decirte: **esto también pasará.** Esta simple frase esconde un gran significado e impulsa al sosiego, a la confianza y a la fe. A la vez que la empleas, agradece esos acontecimientos para encontrar esa fuerza que te caracteriza. **«Gracias por retarme con valentía y otra vez a mí mismo.»** Cuando te encuentres en esas épocas transitorias, etapas de pasos metafóricos entre tu situación actual y tu estado deseado, cuando tus nuevas conductas, tus nuevos

patrones se vayan aposentando en tu nueva personalidad, también da las gracias.

«¡Gracias por sentirme vivo!» Este estímulo provocará dentro de ti, por tu convicción, el afán de acabar con tu desánimo pasajero. De forma sistemática, tu actitud se convertirá en proactividad, en portadora de emociones óptimas para tu consecuente resurrección, como el Ave Fénix. **«Gracias por volver a sentir de nuevo esta experiencia».** El agradecimiento altruista además de endulzarte el corazón, te será muy útil para seguir con esperanza y sosiego con tu misión. Precisamente, este poder será el aliciente a lo largo de tu superación personal y dominio de ti mismo.

Gracias a La Vida. <u>Canción de Violeta Parra</u>

- <u>Cuarto Poder</u>. **Visión:** Utilización de todo tu potencial.

¿Sabes de verdad lo que quieres en esta vida? Sin discernir de forma apropiada esta premisa es prácticamente imposible lograr lo que anhelas.

Es primordial tenerlo claro desde el principio e identificar con total precisión el objetivo. Para ello debes proyectarte de un modo consciente hacia el futuro mediante metas a corto, medio y largo plazo. En este caso en concreto, el concepto tiempo va a ser un elemento diferenciador notable en la utilidad gracias a este poder. Con el ejercicio que te muestro a continuación y con la ayuda de tu mente, de tu subconsciente y de tus anhelos, vas a trazar tu plan de vida para así subir los escalones.

Al principio te parecerán utopías difíciles de alcanzar, pero con el tiempo, el trabajo, la perseverancia y la fe, los acontecimientos de la vida te guiarán de manera instintiva hacia la consagración. Bienvenido, amigo mío, al mundo mágico denominado Vida.

Cuando tengas las cosas bien claras, definidas y estés listo para conseguir tus objetivos y anhelos, no tardarán en aparecer las señales, las vivencias que te indicarán que estás en el buen camino. Créeme, las cosas llegarán por sí solas de manera milagrosa, en el momento adecuado, y cuando menos te lo esperes, los sueños llamarán a tu puerta. A pesar de vivir momentos delicados, superar complicados obstáculos, irás, metafóricamente hablando, zigzagueando por la senda de tu vida: sabrás rodear y evitar los problemas. La culminación llegará con la madurez psicológica.

«La gloria de los grandes hombres debe medirse siempre por los medios que han empleado para adquirirla». François de La Rochefoucauld

Saber lo que quieres te mantendrá en vilo, en evolución permanente; con la ayuda de tu nueva preparación, ya nada ni nadie podrán apartarte de tu camino. Te habrás convertido en un ser con afán de superación perpetua, sediento de victoria y paz. Serás una persona incólume. Recuerda, amigo mío, ten humildad. Utiliza todo tu potencial. Para ello, te proyectarás en tres fases temporales y así, irás trazando el camino deseado acorde a tus sueños.

«Es preciso saber lo que se quiere; cuando se quiere, hay que tener el valor de decirlo, y cuando se dice, es menester tener el coraje de realizarlo».

Georges Clemenceau

Ejercicio práctico:

Coge un papel, un boli y responde a estas preguntas. Recuerda: máxima concentración y realismo. Estas metas tienen que ser plausibles. Los siguientes interrogantes te servirán para averiguar lo que quieres y por qué lo quieres.

Metas cortas: ¿Qué quiero lograr hoy? ¿Esta semana? ¿Este mes?

Es importante proponerte unas metas cortas para así crear el apropiado hábito de formular y cumplir objetivos.

Con estas preguntas y con el deber de llevarlas siempre a cabo, irás forjándote el carácter imperioso y entrar en la dinámica idónea. Irás dinamizando la motivación, la constancia, la perseverancia a altos niveles, para así formalizar lo propuesto. Para ello y, sobre todo al principio, deberás marcarte pequeños retos para ir ganando confianza, imponerte metas cada vez mayores e ir *in crescendo.* Esos pequeños logros del comienzo, te permitirán reforzar tu voluntad y serán un incentivo al ver que estás cumpliendo tus fines de acuerdo con tus principios. Al principio, te costará mucho llegar al final de tus metas pero, como bien sabes, lo bueno cuesta.

Mañana, ¿qué tipo de proveedor quiero conseguir?, ¿cuántas llamadas tengo que realizar?, ¿qué objetivo quiero cumplir?, ¿qué quiero transmitirle a mi compañero conflictivo? Anota en un calendario esos objetivos día a día, semana a semana, mes a mes y ve a por ellos. No bajes los brazos que, con la voluntad, la seguridad en ti mismo y un poco de fe, lo lograrás. Créeme que sí. La disposición lo es todo, amigo lector. Es una herramienta poderosa.

¿De qué virtud quiero apoderarme este mes? ¿Qué quiero lograr de mi jefe? ¿Qué asunto me gustaría arreglar esta semana? Y por supuesto, ¿qué debo hacer para conseguirlo?

«Cuanto más alto coloque el hombre su meta, tanto más crecerá».

Friedrich Schiller

Cuando empecé en el puesto de comercial en una empresa de servicios, me propuse conseguir en el primer mes tres clientes. A pesar de estar expuesto de forma directa a la crisis mundial, al agobio y la presión que sufrían los clientes potenciales por parte de la competencia, me decidí a cumplir ciegamente con mi programa de tareas cotidianas.

Las mañanas las dedicaba de manera íntegra a visitar a diario a cuatro o cinco clientes potenciales, con los que antes había concertado una cita y en los que había percibido un posible interés. Era consciente de que cuantas más visitas realizase, más fácil sería que la ley de probabilidad me sonriera.

Mis tardes las consagraba por completo a realizar llamadas telefónicas a futuros clientes y obtener un máximo número de visitas en sus

instalaciones el día siguiente. Además, por la tarde, me dedicaba también al seguimiento de los clientes visitados esa misma mañana. Al término del mes, conseguía todas las ventas que había establecido acorde a mis *timmings*. Una vez cumplidas mis metas, iba *in crescendo* mes a mes en mi número de visitas y ventas; para llegar a realizar hasta día de hoy cuatro o cinco nuevos clientes al mes en los periodos posteriores.

Amigo mío, estaba tan convencido, tan seguro de mí mismo y tenía tanta fe en mis posibilidades que sabía de antemano con toda la certeza que lo iba a conseguir. Como verás en el próximo capítulo del poder de la visualización creativa, gané la batalla antes de iniciarla. De hecho, en un par de ocasiones, estuve expuesto a la Providencia, a la suerte: hasta el último momento del último día de fin de mes, me llegaba por arte de magia la última venta que me faltaba para cumplir mis objetivos.

<u>Metas a medio plazo:</u>

¿Cómo me veo dentro de cinco años?

Amigo, quizá no lo sepas, pero esta pregunta la suelen realizar con frecuencia las personas de los departamentos de Recursos Humanos a la hora de contratar a un futuro empleado. Te cuestionarás qué sentido tiene esta pregunta. Es bien simple. Esta interrogación psicológica sirve para descubrir tu disposición, tu ambición. Tu posterior argumentación revelará tu personalidad y de esta manera la persona que te interroga, será capaz de discernir de una forma aproximada tu perfil.

Quizá jamás te la hayas realizado. Te recomiendo que te la plantees seriamente ya que, será de grandísima ayuda para realizar este valioso ejercicio. Expláyate en tu diario. Utiliza tu imaginación. Sírvete de todos tus sentidos. Dime, ¿qué quieres ser de mayor?

Preguntas tipo:

¿Cómo me gustaría ser dentro de cinco años? ¿Qué trabajo me gustaría tener? ¿Cuáles son las condiciones que quisiera obtener? ¿Qué bienes materiales quisiera poseer? ¿Cuánto quiero ganar? ¿Qué habilidades deseo? De aquí a cinco años, ¿dónde me gustaría viajar?

Después de haber visualizado tu vida en estos próximos cinco años, tu mente se centrará en tus sueños de manera consciente, llevándote a la consecución.

Aunque pueda parecerte ridículo imaginar tus respuestas, este simple descubrimiento te permitirá encontrar sentido a tu vida y saber cómo te gustaría que fuese. Sé audaz. Créate una película, la tuya, y plásmala en tu *wish board.* Si no sueñas amigo mío, nunca encontrarás lo que hay más allá de tus sueños.

Nota: Prémiate después de un logro.

En mi caso, dentro de en cinco años quiero viajar por todo el mundo difundiendo mis enseñanzas en las empresas más prestigiosas, dar conferencias y sentir total libertad profesional, trabajar pocas horas pero realmente efectivas, delegar en mis empleados mi visión y las tareas

acordes para conducir este gran proyecto que tengo entre manos con mi empresa AFP (Agence Franck Perez). Deseo disponer de tiempo libre para viajar, educar a mis futuros hijos junto a mi esposa y hacer las cosas que realmente me apasionan; el deporte, el yoga, el teatro, la música, el arte, los negocios o la enseñanza. Además me gustaría ayudar al prójimo y participar en causas buenas como la lucha contra la drogodependencia, el hambre, la pobreza…

<u>Metas a largo plazo:</u> *Wish Board* y la Cajita de los Sueños.

Querido amigo, las prácticas que te presento ahora te servirán para proyectarte en el futuro a largo plazo, y afianzar tus anhelos y metas deseadas para tu vida. Todo lo expresarás en tu propio tablero de sueños.

Junto a la Cajita de los Sueños, el ejercicio del *Wish Board* lo aprendí durante mi larga estancia en México, la cuna, entre otras culturas, de la metafísica, del misticismo y de las medicinas alternativas.

Ejercicio práctico: Tu *Wish Board.*

Ahora pasarás a la preparación y a la elaboración de tu *wish board.* Este divertido ejercicio consiste en plasmar en un tablero de madera, por ejemplo, todos tus sueños, tus deseos, tus anhelos. Muchas veces no quieres revelarlos por miedo a pasar por un loco, sentirte avergonzado y parecer un soñador empedernido. Este no será el caso. Adelante. Diviértete también con los niños y anímales a que también hagan el suyo propio.

Llévalo a tu pancarta.

Recorta de revistas y periódicos imágenes y palabras que representen tus sueños y pégalas en tu *wish board*. El soporte deberá tener una base sólida de madera para que puedas visualizar tus sueños durante muchos años. Estás en tu derecho de colocar todo lo que quieras, en función de tu ambición personal, de tus aspiraciones, dentro del marco posible y alcanzable. Recuerda que la imaginación es ilimitada. Disfrútala. Piensa en todos los logros que ha alcanzado la humanidad hasta el día de hoy en campos tan diversos de la ciencia. ¡Bendita imaginación!

«Todo lo que una persona puede imaginar, otros pueden hacerlo realidad».

Jules Verne

Hazlo, amigo.

Puedes anhelar felicidad, ser feliz en tu profesión, tener una familia, poseer un cuerpo esbelto, una isla, un avión, viajar a la luna, cultivar virtudes, convertirte en padre, obtener una nueva ocupación, un puesto de trabajo que siempre has soñado desempeñar, o envejecer tal como deseas (pegando la imagen de tu referente anciano). También puedes colgar imágenes de los bienes materiales que anhelas poseer, las palabras claves con las cuales te gustaría verte identificado... En definitiva, ve recortando fotos, palabras, números, etc., que te hagan pensar en esos sueños. Este *wish board* será íntimo, personal.

Una vez formado tu *wish*, colócalo en un lugar en donde puedas verlo cuando te plazca o si quieres que sea la primera cosa que veas al despertarte, ponlo frente a tu cama.

Nota: Cuando recortes las fotos, las imágenes, las palabras, los números… y realices el correspondiente *collage*, presta atención a lo que haces. Será muy útil el apartado siguiente, que habla del poder de la visualización creativa, a la hora de imaginarte tus sueños cumplidos antes de pegarlos en tu *wish.*

<u>Ejercicio práctico:</u> La Cajita de los Sueños.

La Cajita de los Sueños es otra práctica con la que se obtienen resultados garantizados, en un plazo más reducido que el tiempo que el *wish* requiere y en la que también podrás incluir tus deseos. Créeme, te sorprenderá.

A final de año, coge una cajita, cualquiera es buena, y escribe en unos papelitos todo lo que quieras obtener, dóblalos y ve introduciéndolos en su interior. Desde aprender un determinado idioma, conocer a alguien especial, desear el restablecimiento de un ser querido, un capricho, un viaje, etc.

Durante el año en curso, podrás ir añadiendo deseos nuevos. Es fundamental que no abras la cajita hasta el final del año, fecha en la que la abrirás y leerás tus anotaciones. Seguidamente, romperás los papelitos con los sueños cumplidos durante ese año, añadiendo otros nuevos y la repondrás nuevamente con los que aún no se hayan cumplido. Así año tras año, de forma sucesiva. Quedarás atónito por los resultados encontrados con la práctica de este ritual. Créeme, estimado lector.

«Nunca desistas de un sueño. Sólo trata de ver las señales que te lleven a él». Paulo Coelho

Siempre soñé con regresar a Madrid tarde o temprano, con nuevas expectativas, nuevos objetivos y con otra condición profesional y personal; con la debida madurez, un buen puesto de trabajo, con metas y objetivos cumplidos y con un buen porcentaje sobre mi valor producido; con un coche de función, libertad profesional, multitud de trajes de vestir, numerosos zapatos y camisas de todos los colores para vestir de forma elegante; una buena preparación en comercio, una amplia cultura general, unos buenos modales heredados y perfeccionados, una educación idónea, una buena salud mental y física, con buenos hábitos, con seguridad, perseverancia y sed de emprender grandes hazañas.

Uno de mis innumerables sueños ha sido montar mi gran negocio, sobre el que escribir un libro que tenga que ver con esta compañía que al final se han convertido en tres: *El Número 1 en Ventas*, *Sé el próximo Número 1 en Ventas* y *La Profemocionalidad, lo que me ha* proporcionado un sentimiento de satisfacción, bienestar y felicidad. Viajar realizando *surf trips* por cada continente, disponer de suficiente dinero para mis caprichos, para el ahorro, para la inversión, para hacer regalos a mis familiares y amigos… Sueños que, a día de hoy, he cumplido. Prepara la culminación de tus sueños.

¿Cómo lo conseguí? Llegué a plasmar todos mis sueños, mis deseos en mi *wish board,* visualizándolos con los cinco sentidos y con determinación me hice dueño de ellos, con fe ciega en su consecución.

Además, año tras año, revisaba mi cajita de los sueños, cumpliendo deseos, obteniendo bienes materiales, inmateriales, enseñanzas, sabidurías y aptitudes, que apunté previamente en un papel uno a uno, rompiendo los que había cumplido durante el año y escribiendo otros nuevos. Uno de estos años, introduje en esta urna un coche amarillo que, al poco tiempo, vi materializado: la empresa me entregó uno de ese mismo color.

A día de hoy, me siento realmente dichoso por todo lo que he conseguido gracias a mi *wish*, a mi cajita de los sueños y a mi trabajo. En este preciso instante, doy gracias a la vida por estar cumpliendo otros de mis sueños: la publicación de *La Profemocionalidad*, de los otros dos libros basados en la Venta y el gran debut de mi primer negocio AFP (*Agence Franck Pérez*).

Claro está que me faltan otros sueños por realizar tanto en el terreno profesional como en el personal. Están en curso y plasmados en mi *wish* y en mi cajita de los sueños. Amigo, acompaña la suerte con la debida proactividad.

- <u>Quinto Poder</u>. **Comunicación:** La efectividad.

La persona que tiene más habilidades comunicativas es aquella que sabe escuchar mejor, que escucha con los ojos y con todo el cuerpo.

Hay estudios del comportamiento que han demostrado científicamente que el cuerpo reacciona y se ve influido por el estímulo que recibe del exterior. La comunicación no verbal es más reveladora y portadora de información que la verbal, por mucha oratoria y elocuencia que puedas tener. Visualizar una película de *Charlie Chaplin* puede ser la manera más sencilla de entender este tipo de comunicación.

<u>Ejercicio práctico:</u>

Cuando acudas a un lugar público (una cafetería o una biblioteca, por ejemplo) párate a observar a las personas que te rodean. Observa con detenimiento las reacciones que tienen, provocadas por la ley de causa-efecto, los estados anímicos que estos interlocutores van experimentando durante el proceso comunicativo. Fíjate bien en cómo influyen estos estímulos en el cuerpo de cada uno de los participantes de manera individual. Mira las facciones del rostro de esa persona en concreto, la posición de sus manos, la de sus piernas; puede que esa persona esté nerviosa, impaciente, enfadada, amenazada, sienta hambre, se encuentre sola o interactúe en mayor o menor grado en un grupo. En definitiva, constituye el estudio que nos permite percibir el estado de las personas que analizamos.

Este ejercicio reside en comprender y sentir lo que está pasando en una situación concreta a lo largo de su desarrollo. Cuando llegues a dominar esta herramienta, en cualquier sitio, momento y circunstancia de la vida diaria, serás capaz de descifrar el arte de interpretar la

comunicación no verbal. En concreto, esta parte del ejercicio será la parte culminante del poder de sentir.

«Para conocer al hombre basta estudiarse a sí mismo; para conocer a los hombres se precisa vivir en medio de ellos». Stendhal

La comunicación efectiva es otro poder que te dotará de una cualidad excepcional a la hora de fomentar y obtener relaciones exitosas con tu entorno.

Ten presente que, para que la comunicación sea eficiente, tiene que existir un equilibrio entre la agresividad y la pasividad, adaptada a cada contexto. Ha de ser idónea en todo momento, fundamentada y acondicionada a cualquier situación. La calidad de esta dependerá de manera directa de la forma en que transmitas lo que sientas y el *feedback* que desees.

En primer lugar, deberás aprender a distinguir cuándo, dónde, cómo y con quién estás tratando, a la vez que te interiorizas para sentir cómo te encuentras tú en ese momento. Durante ese intercambio, pregúntate lo que te transmite esa persona con la que estás hablando, y siente el efecto que está provocando en tu interior esta situación. Serás consciente de tus reacciones internas y de una forma instintiva, en ese *feedback*, sentirás el estado de la otra persona.

Recuerda el poder de sentir. Ese procedimiento te conducirá a adoptar una postura empática, receptiva, en sintonía con tu contrincante, mostrándole tu disposición al diálogo y la negociación para el bien de ambos.

Volviendo al tema expuesto en el capítulo 2, el tema del yo, hay que aprender a expresar lo que sientes, piensas y deseas, argumentando lo

que quieres, hablando desde tu yo. Amigo mío, la finalidad del intercambio con tu sujeto es compartir. A través de tus peticiones, tienes también que hacerle partícipe de esta interacción de manera activa, donde esa persona sienta que tiene una postura relevante. De esta manera, le estarás transmitiendo que es importante para ti y que muestras verdadero interés en esta relación, tanto profesional como personal. Indícale que estás dispuesto a contribuir al bien común y que tienes la intención de cooperar, de afianzar una relación y que se convierta en sólida y verdadera. Lograrás tener esa capacidad de mirar con buenos ojos al otro aunque te resulte desagradable.

Recuerda que el respeto a la integridad, a tus sentimientos, a tus emociones, a tus creencias, a tus opiniones y a tus derechos es tan importante como el respeto a los de la persona que tienes en frente. La eficacia de esta comunicación tiene que ser, metafóricamente hablando, una danza entre tu yo y su él, que han de converger en un nosotros. Un *win to win* como esencia de la negociación. Si nos centramos demasiado en nosotros mismos, nos olvidamos del otro.

De ahí que, a la hora de comunicarte con un ser humano, con tu cliente potencial, tienes que ser consciente de que todo influye. Debes procurar eliminar las interferencias, vigilando tus impulsos emocionales y controlarlos, así como las incongruencias y el desinterés. Deberás tener una máxima atención, un extremo cuidado, velando en todo momento por que la comunicación sea correcta y apropiada a tu fin.

También deberá ser:

- Clara: que no haya lugar a interpretaciones distintas de la que quieras transmitir.

- Precisa: específica y ausente de ambigüedades.

- Preventiva: que no perjudique a nadie, incluyéndote a ti.

- Alcanzable: para el sujeto no ha de ser una quimera.

- Positiva: carente de negaciones o negatividades.

- Respetuosa y cordial. No olvides que lo que se da, se recibe.

A modo de referencia, citaré al filósofo Horacio y a su obra literaria *El arte de la oratoria*. La esencia de este libro se fundamenta en la importancia de adaptarse al sujeto durante el proceso comunicativo, igual que si fueras un espejo. Según él, es relevante adoptar una similitud en el dialecto, en el vocabulario, en las formas, en el comportamiento corporal, que sea empático con el individuo para estar en perfecta sintonía. Generar una situación de igualdad y semejanza. Esta sabiduría será sustancial en todas tus relaciones.

A la hora de enfrentarte de un modo adecuado a una preocupación que sientas, a un malestar provocado por una queja y que debas transmitir a tu cliente, sea un pensamiento o un acto incómodo o delicado, deberás comunicarlo mediante esta técnica que expongo en el siguiente ejercicio, y que está resumida en cuatro etapas.

«Sólo un hábito puede dominar otro hábito».

Og Mandino

Ejercicio práctico:

<u>1ª etapa</u>: **Debes definir el problema y exponerlo.** Debido a tus falsas creencias, pensarás que una situación delicada con un cliente puede suponer una misión arriesgada para ti, incluso peligrosa.

Exponer una queja, una sugerencia, un malestar, puede traer consigo una verdadera cárcel emocional y este supuesto conflicto puede ser perjudicial para ti. En este caso puedes tener el pensamiento de que cuentas con todas las de perder. Por miedo a transmitir tus sensaciones e impresiones al cliente, te aferras a tu carácter dejando escapar esa gran oportunidad de afianzar la relación con él, en vez de abrir el corazón y mostrar tu lado más humano. Con el tiempo y la procrastinación, este malentendido dará lugar a una pérdida recíproca de confianza, a una degradación lenta de la relación. Por esto se procede a concesiones y bajadas en el precio.

Es un error garrafal y muy común, amigo mío.

Tienes que aprender a definir el problema y exponerlo. Es muy importante centrarte en la actitud que vas a adoptar, en la conducta que vas a tomar durante tu actuación para manifestar lo que te haya molestado. Y tienes que evitar, obviamente, criticar a la otra persona con juicios improductivos. Tus críticas se referirán exclusivamente a tus actos.

<u>2ª etapa:</u> **Expresa lo que has sentido y sé valiente.** Intenta comunicar cómo te has sentido a raíz de la conducta de tu cliente. Con un tono calmado, sin dramatizar, ni presuponer intenciones en el otro, sin elaborar sentencias ni provocar el ataque. Debes seguir siendo respetuoso. Como es lógico, dejarás también al sujeto que se exprese con respecto al problema, permitiéndole que exponga también su punto de vista y así podáis compartir y contrastar vuestra información.

<u>3ª etapa:</u> **Me hubiera gustado.** Atrévete y toma el hábito de decir a tu cliente el modo en que te hubiera gustado que se desarrollase la situación. Comunícale tu malestar, especificando la conducta que hubieras preferido que se adoptara; en positivo, sin presionar al cliente ni exigirle, pero sí ofreciéndole varias alternativas.

<u>4ª etapa:</u> **Ayúdale para que no vuelva a ocurrir.** ¿Qué he hecho? ¿En qué medida he contribuido yo a que se dé esta situación? ¿Qué podría hacer o dejar de hacer para que no se repita? Eso ayudará a crear un diálogo constructivo, al mismo tiempo que cada uno asume las responsabilidades que pueda tener, demostrando que pones interés en el asunto, y que tu disposición es buena para el funcionamiento de la relación.

«La sociedad sería una cosa hermosa si se interesaran los unos por los otros». Nicolas Chamfort

Estimado lector, aprende a compartir tus impresiones, tus conductas, tus sensaciones, tus emociones. Estas son parte de la condición humana. Igual que las de tu cliente que, además de ser la fuente de tus ingresos económicos, sigue siendo un ser humano.

«Los que obran bien son los únicos que pueden aspirar en la vida a la felicidad».

Aristóteles

La Profemocionalidad te enseña a compaginar tu vida profesional y personal de una manera más serena, equilibrada, feliz y segura.

Nota: Gracias a la Vida por haber escrito esta obra.

«La vida no consiste en buscarse a sí mismo, sino en crearse a sí mismo».

George Bernard Shaw

Atentamente,

Franck Pérez. Fundador de AFP 

- **Blog:** www.elnumero1enventas.com

- **Mail:** info@elnumero1enventas.com

- **Facebook:** www.facebook.com/laprofemocionalidad